実践・教育技術リフレクション

あすの授業が上手くいく〈ふり返り〉の技術

❷ 話合い活動

中嶋卓朗 仙台市立錦ケ丘小学校教諭 [著]
上條晴夫 東北福祉大学教育学部教授 [監修]

合同出版

読者のみなさまへ

■進化する AI

今、人工知能（AI）が世を賑わしています。将棋の名人が AI に負け、ロボットアームに向かって「参りました」と頭を下げる映像は強く印象に残っています。ディープラーニングと呼ばれる、ビッグデータから一定のパターンを見つけ出す能力は、もはや人間が太刀打ちできるものでないのは確かなようです。2045 年、AI が人間を超えて爆発的に進化する「技術的特異点」（シンギュラリティ）を迎えるという予測もあり、漠然とした不安を感じている方も多いのではないでしょうか。

身の回りに視点を移してみます。掃除ロボットやフルオートのオーブンレンジ、会話のできるスマートフォンや人型ロボット、好みに合う音楽を次々に流してくれるウェブサービスなど、AI は確実に生活の中に入り込んでいます。急速に進化する自動車の自動運転技術も、AI によるものです。従来、人間が思考し判断して、自ら体を動かして行っていたことが、次々と自動化されています。

■「我思う」ことの喜びを実感する学び

AI は、人間の生活を便利で快適なものにしていますが、見方を変えると、人間が、思考したり判断したりすることを AI に委ね始めているとも捉えられます。SF 映画では、ロボットが自らの意志を獲得して人間を支配するという描き方をします。しかし、実際には、人間が自ら思考し判断する主権をロボットに譲り渡そうとしているようにも思えるのです。これでは、人間はいつしか思考し判断することができなくなってしまうのではないかと背筋が寒くなります。

私は、教育に携わる者の一人として、自ら問いを立て考える「我思う」人間を育てていきたいと考えています。「我思う」ことが喜びであり、「我思う」ことこそ、人として生きることなのだと子どもたちが実感していく学びを提供したいと考えています。

■人間ならではの力を高める学び

2017年、新しい学習指導要領が公示されました。学習指導要領改訂の前提となったのは、AIの進化に代表される情報化とグローバル化がもたらす「予測できない未来」です。予測できない未来に対応する力を子どもたちに獲得させることが、これからの教育の目指す大きな方向性です。

予測できない未来に対応する力をどうやって子どもたちに獲得させるのか。そのための大きな柱として新指導要領に示されているのが「主体的・対話的で深い学び」です。アクティブラーニングは、これを実現するための授業改善の視点として位置づけられています。

新指導要領を読むと、多様な人間と関わり、対話をし、協働的に試行錯誤を繰り返しながら問題解決に向かってしぶとく歩を進める、「じたばたと動き回る」人間の姿が目に浮かんできます。AIの、閉じられた仮想空間ですさまじいスピードで演算を繰り返す「瞑想的」な姿とは対照的です。新指導要領は、「人間ならではの力」を高めようと言っているように思えます。

■時代の要請に真正面から応える「話合い活動」

こうした時代の要請に真正面から応えるのが、本書のテーマである「話合い活動」です。なぜなら、話合い活動は、子どもたちの実生活の中から生まれてくるリアルな問題、子どもたち同士の関わりの中から生まれてくるリアルな問題を扱う活動だからです。問題の様相は、一つとして同じものはありません。したがって、問題を解決するためには、問題に出会う度に考え、人と対話し、協働しなくてはいけません。自ら問いを立て、人と関わりながら考える時間であること。ここに話合い活動の価値があると考えています。多様な人間の交流が加速していく現在にあって、話合い活動は、まさに今求められている学びなのです。

■話合い活動のジレンマ　任せるか、指導するか

しかし、話合い活動の指導を実際に始めると、あるジレンマと向き合うことになります。「子どもに任せるのか、それとも、指導するのか」というジレンマです。

子どもに任せっぱなしでは、話合いの質は向上しません。しかし、指導が

読者のみなさまへ　3

過剰になると、子どもの主体性は失われます。この二つのバランスをどう取ったらいいのだろうかと悩むのです。さらに悩みを深くするのは、教科のように教科書や副読本、指導の手引きがないということです。大学で学級会の模擬授業を行ったことがあるという学生にも出会ったことがありません。ですから多くの場合、子どものころに経験した学級会のかすかな記憶を引っ張り出したり、先輩教師にアドバイスをもらったり、熱心な人は本を買って読んだりと、さまざまなアプローチをすることになります。

しかし、ここで、話合い活動のよさとして前述した「子どもたちの中から生まれるリアルな問題を扱う」ことが、指導の難しさとなって立ちはだかります。前述のとおり、問題は一つとして同じものがないため、教師にとっても、これまでの指導例をそのままぴったりと当てはめることができないのです。ですから指導者は、話合い活動を行う度に、あれでよかったのだろうかと思い返し、なかなかジレンマから逃れられないのです。

■教師自身のリフレクションこそ活動成功の鍵

ではどうしたら話合い活動の指導のジレンマから抜け出し、指導力の向上を期待できるようになるのでしょうか。

そこで鍵となるのが、教師自身が自らの指導を「リフレクション（ふり返り＝省察）」することです。話合い活動の事例は、一つずつ違います。一つ一つ違うということは、指導法をマニュアル化するのが難しいということです。ですから、一つ一つの話合い活動の中の場面場面で、自らの指導をふり返り、省察を重ねながら、細かく修正したり強化したりして、目の前の話合い活動にアジャストできるように指導力を高めていくのです。

この本では、話合い活動指導のジレンマに具体的な答えを出せるよう、どこをどう任せるのか、どんなときにどう指導するのかについて、私自身のリフレクションや試行錯誤のエピソードを交えながらできるだけ具体的に書くように努めました。また、指導を効果的にリフレクションするためのふり返りのポイントを、〈思考でリフレクション〉〈身体でリフレクション〉として示しました。

本書が、みなさまご自身の話合い活動指導のスタイルを見つけるための一助になれば幸いです。

もくじ

- 読者のみなさまへ ………………… 2

第1章　話合い活動とは何か

1　話合い活動は子どもを変える力がある ………… 8
2　この本が目指す「話合い活動」とは何か ………… 10

第2章　話合い活動の基本

1　話合い活動は4段階で考える ………… 14
2　一つの話合い活動にかける授業時数は3コマ ………… 15
3　話合いの準備を入念に行う ………… 16
4　話合いは、1コマ45分で結論を出す ………… 18
5　話合い活動にはいろいろな参加の仕方がある ………… 18
6　話合い活動の土台になる考え方を「合言葉」で共有する ………… 19
7　話合い活動の素地を日常的に養う ………… 21

第3章　「話し合いたいこと」を見つける

01　何を話し合うのか ………… 24
02　学級の目標を話し合う──話し合いたいこと① ………… 27
03　学級の課題を話し合う──話し合いたいこと② ………… 30
04　集会活動の計画を話し合う──話し合いたいこと③ ………… 34
05　子どもたち自身で課題を見つけられるように支援する ………… 38
06　子どもに「よいもの」を体験させ課題発見の感度を上げる ……… 41

第4章　話合いを準備する

07　掲示板を作って「話し合いたいこと」を発信させる ………… 44
08　「話し合いたいこと」を学級で共有する ………… 46
09　司会団を立てる ………… 40
10　「話し合いたいこと」を議題化する ………… 52
11　話合い活動に適さない課題 ………… 55
12　提案理由をはっきりさせる ………… 58
13　議題と提案理由を話合いの1週間前に説明する ………… 61
14　事前に案を出す ………… 64
15　案をクラス全体で分類し2つに絞り込む ………… 67
16　司会団と話合い前の打ち合わせをする ………… 70

5

17　黒板の準備をする　……………　**73**

第5章　3ステップで話合いをする

18　話合いの進行を司会団に任せる　……………　**76**

19　話合いの３ステップを伝える　……………　**79**

20　司会団の宣言で話合い活動を開始する　……………　**83**

21　中立の視点から２案のよいところと課題を出し合う
　　──話合いのステップ①　……………　**85**

22　「集中的に議論したいポイント」を見つける
　　──話合いのステップ②　……………　**88**

23　一点集中の議論で結論を出す──話合いのステップ③　……………　**91**

24　全員が「自分も参加している」と感じる話合いにする　…………　**95**

25　少人数で話し合う時間を作る　……………　**98**

26　時間で区切りを付ける　……………　**100**

27　多数決は手順を踏んで行う　……………　**103**

28　司会団が話合いを締めくくる　……………　**106**

第6章　教師の役割は何か

29　話合いのベストタイミングを逃さない　……………　**110**

30　話合いで使う道具を準備する　……………　**113**

31　座席の配置を工夫する　……………　**115**

32　３つの視点で子どもを見守る・介入する　……………　**118**

33　話合いが自治範囲を超えたとき──介入すべきポイント①　…………　**121**

34　子どもの発言を通訳したり交通整理したりするとき
　　──介入すべきポイント②　……………　**124**

35　定着させたい行動を価値付けするとき
　　──介入すべきポイント③　……………　**127**

36　してはいけない介入　……………　**130**

37　結論を実行に移せるように支援する　…………　**133**

38　実践をふり返らせる　……………　**136**

● あとがき　……………　**140**

● 参考文献　……………　**141**

● 解題　……………　**142**

組版：Shima.
イラスト：宮原あきこ

第1章

話合い活動とは何か

1 話合い活動は子どもを変える力がある

 ある人が言います。
「話合い活動で大事なのは、子どもに任せることだよ」
 ある人が言います。
「話合い活動のキモは、教師の適切な指導だよ」
 また、ある人が言います。
「話合い活動で目指したいのは全員参加だよ」
 どの言葉にもなるほどと思いながら、全体像がぼんやりとしてつかめない。まるで「群盲象をなでる」のたとえ話のようです。
 「話合い活動」の難しさは、ある部分の印象が一人歩きして、なかなか全体を見通した指導ができないことにあるのではないでしょうか。
 私も、話合い活動の指導を始めたころ、何からどのように手をつけたらよいのか分からず、まさに五里霧中の状態でした。先輩教師の真似をしたり、あちらこちらの情報に手をのばしては教室で試したりといったことを繰り返しました。しかし、目の前で行われる話合いに、「何か違うなあ」と、何度も頭をひねっては悩んできました。
 つかみどころのない話合い活動にしぶとく取り組み続けてきたのには訳があります。話合い活動に熱心な先輩教師たちの教室に感じるところがあったのです。教室は生き生きとしていて、子どもたちはのびのびと楽しそうに見えました。
 「話合い活動にはきっと何かあるに違いない」という直感を信じ、試行錯誤を繰り返すなかで、子どもたちの次のような言葉と出会ってきました。

 「最後決まったとき、今までに聞いたことがない拍手が感じられました。きっとみんなの思いが入ったんだなと思いました」
 「たくさんの意見を聞いているうちに、どんどん面白くなっている気がしました。みんな本気になってるなあとも強く思いました」
 「今日はすごく自分の言葉がいっぱい出てきたと思います」
 「この話合いでは二つの意見があって、その人達同士が意見を出し合って、

　「たくさんの人が本気でできて、意見もまとまってとてもよかったと思います。とても気持ちがいいです」
　「最初はみんなしーんとした感じだったけど、やってるうちに手が上がってきて、最後はいつの間にか『みんなが参加している話合い』になっていました。これが本気の話合いだったんだなあと思います」
　「この話合いで分かったのは、みんないろいろな思いを持っているということです。迷ったのは、自分と違う案に賛成している人の意見がとても『ああ、そうか!』と思うものばかりだったことです」

　私は、実践を重ねながら、徐々に一つの確信を持つようになりました。話合い活動は「子どもたちの10年後、20年後に必要不可欠な力を育てることができる」ということです。

この本が目指す「話合い活動」とは何か

 10年後、20年後に必要不可欠な力

　話合い活動は、「子どもたちの10年後、20年後に必要不可欠な力を育てることができる」と書きました。10年後、20年後、子どもたちが社会人として生活を営む未来の世界はどうなっているでしょうか。

　大きく変わると予想されるのは人の交流です。インターネットによって時差も物理的な距離も大きな障害ではなくなり、国境という概念も容易に越えて人が交流しています。10年後には、違う文化圏で育った人間、思想や常識の違う人間同士が関わる機会がさらに増えているはずです。

　働き方はすでに変わり始めています。競争力のある組織を作るために、多様（人種、国籍、宗教、性別、障がいの有無など）な人材を雇用する企業が増えています。10年後には、多様な人間同士が協働する職場が現在よりも増えているでしょう。

　多様な人間の関わりが増加すれば、それに比例して、解決しなくてはいけない問題も増えるはずです。文化の違いによる誤解や生活習慣上のトラブル、宗教の違いによる衝突、所得の格差によるあつれき……。どれも、簡単に白黒をつけられるようなものではありません。

　また、人工知能の進化によって、人間の行う仕事に大きな変化が起こるという予想があります。人間に残されるのは、芸術的な仕事か、人間同士の関わり合いから何かを生み出す仕事に限られるとも言われています。

「多様な人間とうまくやっていくことができるか」

　これが、10年後、20年後の社会を生きる子どもたちが問われることだと思います。

　うまくやるというのはもちろん、うまく立ち回るということではありません。自分とは違う人間とも、違いをむしろプラスに転じて平和的で生産的な関係を築くということです。

「互いの違いを理解し合った上で合意を形成できる力」
「集合知によって一人では解決が困難な問題への解を見い出す力」

私はこれが、子どもたちの 10 年後、20 年後に必要不可欠な力だと考えています。

話合い活動だから育てられる

　これらの力を育てることができるのが、まさに話合い活動なのです。なぜなら、話合い活動は、学校生活で現実に向き合う生々しい問題を扱う時間だからです。

　多様な人間とどううまくやっていくかというのは、実践の中で経験的に身につけていくことです。人間は一人ひとり固有の存在ですから、その関わりの中で生まれる問題はどれも唯一のケースであり、こうすればよいという公式もありません。身につけられるのは、問題への取り組み方です。ですから、子どもたちが実際の学校生活の中で向き合う"生々しい"問題に、話合い活動という取り組み方で繰り返し向き合うことでこそ、問題への実践的な取り組み方が身についていくと考えるのです。

　生々しい問題について、もう少し書いてみます。たとえば、
「真っ当に稼いだお金は、反社会的なものでなければ、何に使っても自由か？」
と問われたら、どう答えるでしょうか。「YES」と答える方も多いのではないでしょうか。では、
「係の仕事をして得た学級通貨で、友だちに宿題をやってもらうのはありか？」
と聞かれたらいかがでしょうか。先ほどの問いよりも「YES」とは言いづらくはないでしょうか。

　問いを一般論で考えると答えもぼんやりとします。しかし、話合い活動で扱う問いには、子どもたちの学校生活の中から生まれる生々しさがあります。そうした問いを深く考えて意見をぶつけ合い、結論を出し、それを実行してふり返る活動が、話合い活動です。話合い活動の経験を積み重ねることで、子どもたちは本物の力を身につけていくのだと考えています。

話合い活動を成功させる条件

　しかし、ただ話し合えばいいというのではありません。話合い活動が、「多様な人間とうまくやっていくことができる」力を育てるものになるには条件があります。
　①子どもが主体的に行っていること
　②結論が実行されること

前述の「学級通貨で宿題をやらせる」という事例に対して、教師が「こうすべきだ」と諭すのは簡単です。しかし、それでは「なぜそうすべきか」を考える機会を子どもたちから奪ってしまうことになります。子どもたちが行き当たった問題は、子どもたちに考えさせ、話し合わせたいのです。話合いの結論は大人から見て好ましくないものになるかもしれません。しかし、話合い活動は結論を出して終わりではないのです。出した結論を実行し、ふり返るところまでいって、子どもたちは本当の判断力を経験知として身につけることができるのだと考えています。
　主体的で実行を伴う話合いを行う中で、子どもたちが、
　「話し合うと生活がよりよく変わる」
　「話合い活動には力がある」
という実感を得ていけば、人との関わりの中で問題に直面したときに、その解決方法として話合いを選択するようになるはずです。そして、話合い活動を繰り返し行うことで、「どんな相手であろうとも、理解し合い、互いの納得できる点を探すことができる」という確信を得ることができると考えています。

第 2 章

話合い活動の基本

1 話合い活動は 4段階で考える

　まず、「話合い」と「話合い活動」をはっきり区別したいと思います。「話合い活動」は「話合い」を含む活動の全体で、次の4段階で考えます。

■ 第1段階：話し合う前の準備の時間（3、4章）

　この段階では、話し合うことを見つけ、それを共有し、議題化をし、議題について案を出し合い、全員で分類してから、案を2つに絞り込みます。

■ 第2段階：実際に話合いをする時間（5章）

　第1段階で絞り込まれた2つの案について、次の3ステップで話し合います。

話合いの3ステップ

①中立の視点から2案のよいところと課題を出し合う
②「集中的に議論したいポイント」を見つける
③一点集中の議論で結論を出す

■ 第3段階：話合いで決めたことを実践する時間（6章37項）

　話合いで決まったことを実際に行います。

■ 第4段階：実践をふり返って次につなげる時間（6章38項）

　実践をふり返ります。話合いで決まったことは実践に生かされていたか、成果と課題は何かをはっきりさせ、それを次の話合い活動につなげていきます。

一つの話合い活動にかける授業時数は3コマ

　一つの「話合い活動」の期間は、扱う内容にもよりますが、2～4週間（授業時数にして3～4コマ）程度を目安と考えると無理がありません。ある程度の期間の中で話合い活動を少しずつ進めていくという感覚です。

　第1段階「話し合う前の準備の時間」がもっとも期間を要します。やることはおおよそ以下のとおりです。

　①話合いのタネを見つけて、それをクラスで共有する。
　②論点を整理して議題化する。
　③議題についてみんなで案を出す。
　④出された案を分類し、2つに絞り込む。
　⑤司会団が話合いの見通しを持つ。

　この段階を子ども主体で進めていけるようにするには教師の丁寧な支援が必要ですが、学級活動の時間をまともに使ってしまうと年間35時間はあっという間になくなってしまいます。1～2週間程度の期間の中で、すき間時間を見つけて少しずつ進めていくのです。朝の学級の時間を使ったり、休み時間に司会団を集めて相談したり、掲示して休み時間に子どもたちが見て考えることができるようにしたりするなどの工夫をすることで、第1段階で使う授業時数を0.5～1コマ（出された案の分類と絞り込み）と考えます。

　第2段階「実際に話合いをする時間」は、話合いの本時で1コマ使います。第3段階「話合いで決めたことを実践する時間」は、内容によりますが、お楽しみ会などであれば1コマ使います。第4段階「実践をふり返って次につなげる時間」は、ふり返りシートなどで個々にふり返りをし、それを全体で共有する時間に0.5～1コマを使うということになります。

　このようにして、内容にもよりますが、4段階からなる一連の話合い活動を1回行うために、3～4コマ程度の授業時数を使うということになります。

第2章　話合い活動の基本　15

■話合い活動の概略

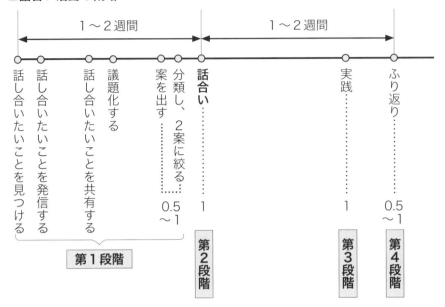

3 話合いの準備を入念に行う

　「段取り八分」といいます。話合い活動でも第1段階「話し合う前の準備の時間」が非常に重要です。教師がこの段階をしっかり支援することで、子どもたちが45分間で話合いを深め、集団として納得のできる結論を出せるようになります。第1段階「話し合う前の準備の時間」は大きく6つのステップで捉えると分かりやすいと思います。

■ ステップ1：話し合いたいことを見つける（3章5、6項）

　クラスの目標や、クラスの課題、集会活動の計画など、クラス集団として話し合いたいことを見つけるステップです。「これを話し合いたい」と意識に上るように教師は支援します。

■ ステップ2：話し合いたいことを発信する（4章7項）

　話し合いたいことを見つけた個人が「これを話し合いたい」とクラスに向けて発信するステップです。朝の会で投げかけたり、掲示板に張り付けたりします。

■ ステップ3：話し合いたいことを共有する（4章8項）

　発信された「これを話し合いたい」をクラスの全員が知り、話合いの必要性について考えるステップです。発信者の思いに共感が集まれば、話し合おうという気運が作られていきます。

■ ステップ4：議題化する（4章10、11、12、13項）

　発信された「これを話し合いたい」を話し合うことになったら、何を（議題）何のために（提案理由）決めるのかを考えます。発信者と、その話合いを担当する司会団を中心に考えさせて、議題として文章化させます。

■ ステップ5：案を出す（4章14項）

　議題に対する考えを、4〜5人程度の班で出し合います。ブレインストーミングのように自由な発想で数多くの考えを出せるよう支援します。出された考えから、提案理由を考慮しながら班として案を1つ作ります。

■ ステップ6：分類し、2案に絞り込む（4章15項）

　各班から1つずつ出された案を、ＫＪ法的手法でグループ分けしていきます。このステップを経ることで、出された案への理解が深まります。2案に絞るのは、話合いで議論が焦点化されるようにするためです。

　45分間の話合いで、関連のない意見が散発的に続いたり、意見すら出ない時間が長かったりしたならば、「話し合う前の準備の時間」での教師の支援が十分だったかをふり返ります。その場で「どうしてだれも意見を出さないの？　あなたたちのクラスのことでしょう？」などと言ってもあまり効果はありません。本時の話合いの時間は、教師の事前準備の結果が明らかにな

第2章　話合い活動の基本　　17

る時間ともいえるのです。

話合いは、1コマ45分で結論を出す

　学級活動の時数は、年間で35時間（1年生は34時間）と定められています。しかし、すべての時数を話合い活動に使えるわけではありません。係活動の組織作りもあります。代表委員会から降りてくる議題などもあります。学級開きの時間や夏休みの生活の仕方を話す時間も学級活動でカウントしているのが現実です。クラスの話合い活動のために使える時数は限られています。
　結論が出るまで時間を無制限に使うわけにはいかないのです。議題に対する結論は1単位時間（45分）の中で出すことを基本とします。

話合い活動にはいろいろな参加の仕方がある（4章24項）

　挙手して発言するだけが話合い活動への参加の姿ではありません。さまざまな参加の仕方を認めることで、活動を見守る教師の気持ちがおだやかになり、子どもそれぞれの参加の仕方にも気づけるようになっていきます。
　教師が多様な参加の仕方に気づけるようになると、子どもそれぞれにあった働きかけができるようになります。現在の生活の課題に気付ける子ども、課題解決のアイデアを豊富に持っている子ども、アイデアをふくらませるのが得意な子ども、友だちの考えを引き出すのが上手な子ども、友だちを勇気づけられる子ども、聞き上手の子ども、決めたことを大切にする子ども……。そんな子どもたちの姿を見つけるのは楽しいものです。そして、そうした子どものよさを見つけたときにはその都度、それを本人に伝えたり、全体の前で価値付けしたりすることによって、話合い活動は子ども一

■話合い活動への参加の仕方

第1段階 話し合う前の 準備の時間	・話し合いたいことを見つける ・話し合いたいことを発信する ・話し合いたいことについて考える ・考えを友だちに話す
第2段階 実際に話合いを する時間	・発言する ・話をしている相手を見て話を聞く ・うなずく ・自分ならばと考える ・拍手をする ・友だちの意見を聞きながら、質問したいことや気付いたことをメモする
第3段階 話合いで決めたことを 実践する時間	・決めたことを実行するために役割を引き受ける ・真剣に実践する
第4段階 実践をふり返って 次につなげる時間	・実践から話合いをふり返る ・次につながる成果と課題を書く

人ひとりが成長する場として機能するようになっていきます。

6 話合い活動の土台になる考え方を「合言葉」で共有する

　話合いに使える時間は45分しかありません。45分の中で、たくさん考え、一つの論点で意見をぶつけ合い、納得できる結論を集団決定するためには、話合い活動の土台となる考え方を子どもたち全員が共有している必要があります。私は、話合い活動の最中、今だという場面を捉えて、その考え方を短い言葉で伝えています。そしてその後、それらを「合言葉」として、何度も使いながら定着を図るようにしています。
　次は、私が使っている代表的な「合言葉」です。

第2章　話合い活動の基本　19

①「全員司会」

　話合いは常に全員で進めるという意識を持たせます。司会団が進め方に困ったときには、参加者「全員」が「司会者」のつもりで声を出し合って、話合いを進められるようにします。

②「話合いは耳でする」

　話合いでは、聞くことが非常に重要です。友だちの発言が聞こえなかったとき、よく分からないときなどは、そのまま流さずに確かめ、全体で共有しようとする意識を持たせます。聞く意識を高めるために、①その人は何が言いたいのか、②質問したいことはないかの2点を考えながら聞くように教えます。

③「意見の根っこを想像する」

　「友だちはなぜそういう意見なのだろうか」と、意見の背景となっている気持ちや、これまでの経験を想像させます。

④「意見を追いかける」

　友だちの意見をよく聞き、関連づけて自分の意見を言う意識を持たせます。

　手がたくさん上がり、司会が次々に当てていくというような話合いは、一見活発に見えますが、実態は、発言があちこちに飛んでいるだけということも少なくありません。意見同士がつながってくると、話合いは深まっていきます。

⑤「意見の衝突大歓迎」

　意見を積極的にぶつけ合わせます。仲がよい友だちであっても遠慮せずに互いの考えをぶつけ合うことでより分かり合うことができること、ぶつかり合う中からよりよい結論が生まれてくることを理解させます。

⑥「AかBかではなく、生み出す」

　AかB、どちらがよいかという二者択一の思考ではなく、A、B両方のよさと課題を材料にして、新しいものを生み出そうとする意識を持たせます。

⑦「アイデアをリレーする」

　ひらめきは、会話のつながりの中から生まれます。まず、「こういうのはどうだろう」と起点となるアイデアを出すこと、そしてそれを「それならこんなのはどうだろう」と類推思考でリレーしていく意識を持たせます。

　これらの言葉を合言葉として繰り返し使うことで、クラスの中に話合い活動の共通の土台ができあがっていきます。共通の土台の上で話合いを重ねていくと、短時間で中身の濃い議論をすることができるようになっていきます。

話合い活動の素地を日常的に養う

　話合い活動に生きる聞き方や話し方、思考の仕方があります。また、子ども一人ひとりの性格的特徴はさまざまで、話し合うことに対する親和性にも高低があります。しかし、話合い活動の時間の中だけでそうしたスキルを身につけさせたり、親和性を高めたりすることはできません。

　他教科の関連領域や、朝の時間などを利用して、以下のような活動をしながら、話合い活動を成立させるための素地を養っていきます。

　① 話し方・聞き方のソーシャルスキル・トレーニング
　どのように話すと伝わるのか、どのように聞くと話し手が話しやすいのかを具体的、体験的に学ばせます。
　② ペアトークとグループトーク
　少人数で、しっかり聞いてもらったり、話したりすることの心地よさを体験的に学ばせます。
　③ オープンクエスチョン
　相手の考えの一段深いところにアクセスするための具体的なやり方を学ばせます。短時間で本質的な議論に到達するのに役立ちます。
　④ ブレインストーミング
　自由な発想を出す楽しさを学ばせます。また、相手の話に乗っかってアイデアをふくらませる類推思考に慣れることができます。
　⑤ サークルトーク
　椅子だけ、あるいは床に座って一つの輪になり、トーキングスティックを回しながら一人ずつ発言します。トーキングスティックを持っている人だけに発言権があるので、話したことをみんなに受け止めてもらえる安心感を味わえ、全体の場で発言することへの心理的ハードルを下げる効果もあります。結論を実行した後のふり返りで行うと、一人ひとりの思いをみんなで共有するのに効果的です。

第2章　話合い活動の基本

> **話合い活動の素地を養うために行う
> 活動の参考になる図書・資料**
>
> ・『いま子どもたちに育てたい学級ソーシャルスキル』(河村茂雄、品田笑子、藤村一夫編著／図書文化社)(①)
> ・『よくわかる学級ファシリテーション』(岩瀬直樹、ちょんせいこ／解放出版社)(②、③)
> ・『スタンフォード白熱教室』(NHK アーカイブズ、2011 年)(④)
> ・「p4c (philosophy for children)」(http://p4c-japan.com/)(⑤)
> ・『クラス会議で子どもが変わる』(ジェーン・ネルセン、リン・ロット、H・ステファン・グレン／コスモス・ライブラリー)(⑤)
> ・『いま「クラス会議」がすごい！』(赤坂真二編著／学陽書房)(⑤)

第3章

「話し合いたいこと」を見つける

何を話し合うのか

　何を話し合えばよいのでしょうか。それは、多様な考え方や価値観のせめぎ合いが起きる課題です。

　話合い活動で子どもたちに実感してもらいたいのは、まず、多様な考え方や価値観があるということです。そして、考え方や価値観が多様であっても、話し合うことでみんなが納得する合意を作り出すことができるという経験です。そのような実感や経験の積み重ねが、10年後、20年後の未来に多様な人間と平和な社会を作り出す力につながっていくと考えています。

　多様な考え方や価値観をぶつけ合うことができる議題は学級の目標、学級の課題、集会活動の計画の3つに多く見つけられます。

① 学級の目標を話し合います。
② 学級の課題を話し合います。
③ 集会活動の計画を話し合います。

思考でリフレクション！

クラスの子どもたちに必要なぶつかり合いはなんでしょうか。

　私は長い間、「決めなくてはいけないことがあるから」話し合うのだと思っていました。たとえば、お楽しみ会をやるからプログラムを決める話合いをしなければいけない、というようなことです。
　しかし、あるとき、「目の前の子どもたちに考えさせたい問題があるから」話し合わせるのだと気づきました。「校外学習のグループ決めをくじでやるか自由に決めるか」について話合いを行ったときは、「自分の欲求をかなえるためにだれかを犠牲にしてもよいか」という問いに向き合わせたいという思いを持っていました。
　いま、子どもたちに向き合わせたい問題は何かを、子どもたちのようすを見ながら考えてみましょう。

身体でリフレクション！

① あなたは、子どもたちに向き合ってほしいと考える問題を探していますか。

　学級活動の時間の前日になって、「さて、明日は何を話し合わせたらいいのだろうか」と考えていた時期があります。そのころ、私は、話合いの議題は教師が投げかけるものだと思っていました。しかし、議題を投げかけ、いくら話合いをさせても、どこか他人事の話合いになってしまい、結論が出たとしても、それが実生活に生かされることはありませんでした。
　そこで、話合いの時間が始まってから「みんなで話し合いたいことはないかな」と投げかけてみましたが、思うような議題は提案されず、時間だけが過ぎてしまうのでした。子どもたちが主体となって話合い活動が行われるためには、何を話し合うかを見つけるところから丁寧に行っていかなくてはならないと気づいたのは、ずいぶん後になってからでした。
　子どもたちのようすをよく観察すると、考え方の違いによる小さな衝突を見つけることができます。休み時間にみんなで遊びたい子と、自分の好きなことをやりたい子。掃除を一人ひとりの責任範囲をはっきりさせてやりたい子と、みんなで協力して行いたいと考える子。音楽会で来場者を感動させる

第3章　「話し合いたいこと」を見つける　25

演奏を目指したいと考える子と、各自が力を最大限発揮すればよいと考える子。

　一概にどちらがよいと判断できないことはたくさんあります。それらを話し合いの場でぶつけ合わせるのです。そのぶつかり合いを通じて、互いに理解を深め、どちらも納得できる結論を出すために折り合いをつけることを経験させます。結論を出すことは、どちらが正しいかを決めることではありません。双方の考えを聞いて理解し合った上で、ちょうどよいバランス点を探るのです。

　掃除は、一人ひとりの責任範囲をはっきりさせるのか、みんなで協力して行うのかについて話し合ったときは、話合いの後、掃除の仕方が変わりました。

　初めに一人ひとりの範囲を決め、まずは、それぞれが自分の範囲の掃除をしますが、それが終わった子どもは、終わっていない場所の手伝いに回るようになったのです。一人ひとりが責任を持って掃除をすることと、互いに協力して掃除することが融合した掃除へと変化したのです。

　その姿を見ていて、子どもたちは真剣に話し合うと、ぶつかり合った価値観のどちらにも敬意を払うのだと思うようになりました。このような経験の積み重ねが、子どもたちの中に、「お互いを尊重する」態度を養っていくのだと考えています。

02 学級の目標を話し合う
話し合いたいこと①

　学級の目標を話し合います。集団として何を目標にするかを考えるときに表れる、さまざまな考え方や価値観がぶつかり合うことをねらいます。

　1年の目標である「学級目標」の他、学期の目標、行事の目標など、個人としてではない、集団としての目標を話合いで決めます。

　目標を話し合うことのよさは、目標をもとにふり返りができることです。話し合って終わりではなく、その達成を目指した実践があり、それをまた目標に照らしてふり返るという一連の話合い活動をすることができます。

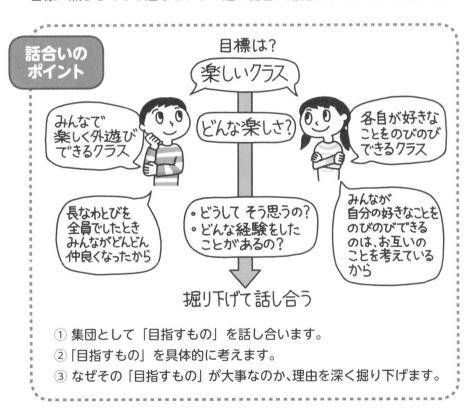

① 集団として「目指すもの」を話し合います。
② 「目指すもの」を具体的に考えます。
③ なぜその「目指すもの」が大事なのか、理由を深く掘り下げます。

第3章　「話し合いたいこと」を見つける　27

思考でリフレクション！

目標をどのように話し合うと、期待する「考え方や価値観のぶつかり合い」が起きるのでしょうか。

「楽しいクラス」がいいか、「がんばるクラス」がいいかという形で話合いが進んだことがあります。しかし、「『楽しいクラス』がいいと思います。楽しいとみんなが笑顔になるからです」

「『がんばるクラス』がいいと思います。がんばるとみんなが成長できるからです」といったぶつかり合いをしていても、互いの考えを理解するまでには至りません。

「楽しい」にも質があります。「毎日、みんなで外遊びができるクラスが楽しい」のか。「自分の好きなことをのびのびできるクラスが楽しい」のか。「楽しい」とはどんな楽しさを言っているのか、どちらの楽しさを目指したいのか、というところで意見がぶつかり合うと、それぞれの楽しさを推す人のこれまでの経験や、考え方が表に出てきます。それらの違いを分かった上で、学級としてどのような楽しさを大事にしていくのかについて意見をぶつけ合い、「みんなの」目標を作っていきます。

身体でリフレクション！

① あなたは、「目指すもの」の質的な違いが明らかになるように働きかけていますか。
② あなたは、「目指すもの」が集団の目標になっているかに注意を払っていますか。

私は、学級目標を６月に話し合っています。４月からの２カ月でみんなの共通体験をたくさんするためです。そして学級目標を話し合う前に、２カ月間をふり返り、よかったところ、楽しかったところ、直した方がいいところなどをそれぞれに書かせ、目指すものを具体的に捉えられるようにしています。

同じ「楽しい」でも、「みんなで遊んだことが楽しい」と考えたり、「リレー選手をみんなで応援したことが楽しい」と考えたりします。

さらに、「どんなときに、どうなっていると楽しいと思う？」などとたずね、「楽しい」の中身を具体的に表現させます。「楽しい」の中身が具体的になると、「みんなが楽しい」「一生懸命が楽しい」というように、それぞれの価値観の違いが表れます。

この違いをみんなが認識した上で、どちらを取るのかという意見のぶつかり合いを経て作り出される学級目標は、貼りっぱなしの絵に描いた餅ではなく、子どもたちが自ら目指そうとする実効性のある目標になるはずです。

＊＊＊＊＊＊＊＊

また、目指すものが「集団の目標」になっているかが重要です。子どもはよく、「話をしっかり聞けるようになりたい」「給食を残さず食べられるようになりたい」「真剣に勉強するようになりたい」というような言葉で目標を表現します。しかし、これらは「個人の目標」です。個人の目標は違っていてかまいませんので、ぶつけ合う必要はありません。

そこで、「どうして話をしっかり聞けるようになりたいの？」と掘り下げてみます。すると、「だれかが話をしているときに平気でおしゃべりをするのはいやな気持ちになるから」「だれかの話をみんなが真剣に話を聞けるクラスにいたいから」という言葉が出てきます。こうした思いには、「聞いて成長するクラス」「お互いの話を真剣に聞くクラス」といったように、集団の目標になる可能性が含まれています。

このように、子どもから出た言葉をそのままクラスの目標とするのではなく、「なぜそう思ったのか、意見を掘り下げよう」と助言したり、働きかけたりしてみるとよいでしょう。

学級の課題を話し合う
話し合いたいこと②

　学級の課題について話し合います。学級は、偶然集まった子どもたちがともに生活する場です。いろいろな感じ方、考え方を持った子どもがいます。学校生活で友だちと関われば関わるほど、その中から違和感や不満が生まれてきます。それを解決できる課題と捉えて話し合う中で、それぞれの考え方や価値観がぶつかり合うことをねらいます。

　学級の課題を話し合うことのよさは、結論が課題解決のために実行されるので、「課題が改善されたか」をふり返ることができる点です。話し合い、実行し、ふり返って次に生かすという一連の話合い活動をすることができます。

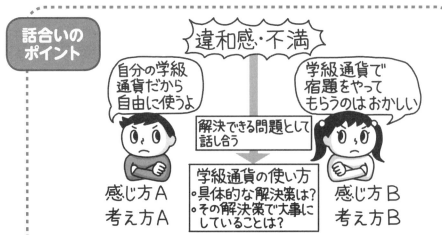

① 学級の課題の「解決策」を話し合います。
② 「解決策」の具体案を出し合います。
③ その「解決策」で大事にしていることは何か、その理由を深く掘り下げます。

思考でリフレクション！

　学級の課題をどのような視点で話し合うと「考え方や価値観のぶつかり合い」が起きるのでしょうか。

　学級の課題を扱うとき、「その課題はなぜ起きるのか」と原因を探り当てようとするアプローチと、「その課題をどうしたら解決できるか」と対策を考えるアプローチがあります。

　たとえば、「係の仕事をしない人がいる」という課題が出されたとします。「その課題はなぜ起きるのか」と考えると、

　　・忘れているから
　　・面倒くさいから
　　・責任感がないから

などが挙げられますが、それは課題解決のための行動に直接結び付くものではありません。話合い活動は、決めたことを実行してそれをふり返り、次につなげるところまで行って一つのまとまりですから、結論は実行に移せる形が望ましいのです。

　「その課題をどうしたら解決できるか」と考えてみると、仕事をしない人をなくすために、

　　A案：みんなでポスターを作って教室に貼り出して意識する
　　B案：仕事をしなかった人は居残りをして教室を掃除する

などの案が出されます。この形であれば、実行してふり返りへと活動をつなげることができます。

　さらにそれぞれの案には、みんなが仕事をするようにするために、

　　A案＝自覚を促す
　　B案＝罰を与える

という考え方が内在しています。話合いでは、Aがいい、いやBの方がうまくいくといった方法の優劣を議論するのではなく、なぜA（またはB）がいいと思うのかを掘り下げます。すると、みんなが仕事をするようにするためには、自覚を促すのがよいのか、罰を与えるのがよいのかという価値観のぶつかり合いが起きることが期待できます。

第3章　「話し合いたいこと」を見つける　　31

身体でリフレクション！

あなたは、提案された「解決策」の背景にある考え方や価値観を明らかにするような働きかけをしていますか。

学級通貨の使い方について話し合ったことがあります。課題として出されたのは、「学級通貨の使い方が乱れている」というものでした。具体的には、
「物を貸すときに学級通貨を要求する人がいる」
「学級通貨を払って宿題をやってもらっている人がいる」
「賭け事をしている人がいる」
「落ちている通貨がそのまま使われている」
などが挙げられました。

話合いの中で、「自分で稼いだものだから、どう使うかは持ち主が決めていい」という自由派の意見と、「お金の使い方には一定のルールが必要」というルール必要派の意見がぶつかりました。

私は、話合いの前に、司会団に対して「学級通貨を払って宿題をやってもらうことについて意見をもらってみよう」と助言をしておきました。

司会団の子どもたちと話合いの展開を予想しながら、宿題に焦点を当てることで、お金についての考え方や価値観がはっきりするのではないかと考えたのです。

その結果、次のようなやりとりが生まれました。

司会：学級通貨を払って宿題をやってもらうことについて意見をください

C1：宿題は自分の力を付けるためにするもので、お金を払ってやってもらうのはおかしいと思います

司会：おかしいと思うのはなぜですか？

C1：人にやってもらったら、その人の力にならないから

C2：でも、お金を払ってやってもらう人は、自分で選んでそうしているわけだから、力が付かなくても、その人の責任だと思います

C3：その人の責任だからって、何を選んでもいいというのは違うと思います

> C4：それに、お金で宿題をやってもらうのを周りで見ている人は、いい気持ちがしないので、その人の責任だけですむわけじゃないと思います

　こうして、自由派の主張は次第に分が悪くなっていきました。そして最後は、「学級通貨の使い方に関する憲法を作ろう」という結論が出されました。
　話合いの後のふり返りでは、「なんでもありはおかしいとは思っていたけれど、どうしてルールがあった方がいいかをよく考えることができた」という感想が出されました。

04 集会活動の計画を話し合う
話し合いたいこと③

　集会活動の計画について話し合います。集会活動を行うためには、どんな集会活動なのか、ゲームをするのか、出し物をするのか、スポーツ大会であれば、チーム決めはどのようにするのか、どんなルールで行うのかなど、さまざまなことを決める必要があります。それらを決めるときに、さまざまな考え方や価値観のぶつかり合いが出てきます。

　集会活動の計画を話し合うことのよさは、結論（計画）が集会活動で実行されるので、実践をもとにふり返ることができるところです。話し合い、実行し、ふり返って次に生かすという一連の話合い活動をすることができます。

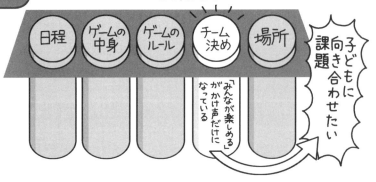

① 集会活動のために計画すべき多くの事柄から、子どもたちに向き合わせたい問題が潜んでいるものを話し合います。
② 具体案を出し合います。
③ その案にしかない大事にしたいことは何か、理由を深く掘り下げます。

思考でリフレクション！

集会活動の何を話し合うと「考え方や価値観のぶつかり合い」が起きるのでしょうか。

3年生を担任したときにこんな苦い経験をしました。お楽しみ会のプログラムについて子どもたちと話し合おうと考えた時間でした。私は、オーソドックスなプログラム順を黒板に書き、「では、プログラム1の『始めの言葉』を言いたい人はいますか？」と子どもたちに投げかけていきました。

> T：次はプログラム3のゲームです。何かやりたいゲームはありますか？
> C1：ドッジボールがいいです
> C2：ケイドロがいい
> C3：ドッジボールいやだ。つまんない
> C4：私はリレーがいい
> C5：足遅いからいやだ

教室は、あっという間に騒乱状態に陥りました。その場をどうやって収めたのか、はっきり覚えていません。「どうしてドッジボールがいいの？」などと理由くらいは聞いたと思います。しかし、「ドッジボールは休み時間にやっているから」「ケイドロはスリルがあって楽しい」などという理由を聞いたところで、ドッジボールとケイドロに甲乙をつけることはできず、最後は半ば強引に多数決を取ったことは覚えています。

負けた子どもたちから「え〜！」「そんなのやりたくない」と声が上がります。それを強い口調で「多数決で決まったんだから、文句を言っちゃいけないでしょう」などと無理矢理に抑え込んだのだと思います。そして、チャイム。プログラムの中身はまだ半分も決まっていません。話合いの指導を学ばなければいけないという危機感を持ったと同時に、集会活動の計画のすべてを話合いで決めるわけではないのだと痛感した経験です。

では、どこを話し合わせたらよいのでしょう。そこに教師の意図を入れ込んでいくのだと考えています。子どもたち同士の関わりの中に、子どもたち

に考えさせたい問題はないでしょうか。集会活動の計画について話し合いながら、実はその問題について意見をぶつけ合っているというような議題を設定させたいと思っています。

 身体でリフレクション！

　あなたは、それぞれの「具体案」の背景にある考え方や、価値観が見えてくるような働きかけをしていますか。

　お楽しみ会でドッジボール大会をすることになり、「みんなが楽しめるドッジボールにするためのルールを一つ決めよう」という議題で話し合ったことがありました。この議題が決まったとき、私の頭には「みんなが」という言葉にしっかり向き合わせたいという思いがありました。子どもたちは簡単に「みんなが」と口にするけれども、本当に「みんなが」を実現するための努力をしていないと感じていたからです。
　案として出されたものは、次の２つでした。
　Ａ案：男女別に試合をする
　Ｂ案：ボールを取ったら異性が投げる
　Ａ案が支持を集めました。
　「女子もボールを取れるし投げられる」「男だけなら本気の勝負ができる」「男子も女子も楽しめる」「男女でそもそもドッジボールの力に差があるのだから、それぞれ分かれてやれば楽しくできる」という具合です。
　Ｂ案に対しては、「クラスみんなでできる」という賛成意見が出たものの、「女子は逃げてばかりでボールを取れないと思う。そうなれば、男子はボールを投げられなくなって楽しくない」「本気の勝負ができないからつまらなくなってしまう」と否定的な考えが優勢に見えました。流れがＡ案に傾きかけたとき、一つの疑問が投げかけられました。
　「確かにＡ案だと、男女それぞれで楽しくドッジボールできるかもしれない。でも、分かれてそれぞれ楽しいというのはみんなが楽しいというのとは違う気がします」
　私は、「みんなが」に向き合わせるのは今だと思い、発言を求めました。そして、Ａ案とＢ案それぞれについて、次のように整理して提示しました。
　**Ａ案：「男女それぞれが楽しんで、それを足し合わせればみんなの楽しさ
　　　　　になる」という考え方**

B案：「ボールを思うように投げられないというようなことがあるけれど、男女一緒に楽しくできてこそみんなの楽しさになる」という考え方

そして、「みんなはどちらを選ぶのか、そこを考えてみてください」と投げかけました。

この後、B案に対して、「相手のためにボールを取る楽しさがあるんじゃないか」という賛成意見も出されましたが、「男女それぞれが本気で楽しめば、みんなが楽しいになると思う」という声でA案への流れは変わらず、最後はA案に決まりました。

教師としては、B案を応援したくなるかもしれません。しかしこのとき、私はどちらに決まってもよいと思っていました。ただ何としても、A案とB案の背景にある考え方の違いをはっきりと認識させたいと思って発言しました。その上で、どちらを取るかを決める判断をするのは子どもたちです。私の役割は、決めたことを実行した後にふり返る機会をつくって、その選択が実際はどうだったのかを考えるように促すことだと考えていました。

大会本番では、隣り合う２つのコートで男女それぞれが試合をしました。試合はそれぞれ楽しそうでしたし、盛り上がっているように見えました。しかし、大会後に書いたふり返りシートには、

「楽しかったけれど、隣のコートが気になった」

「やっぱりお楽しみ会は、クラスみんなが仲良くなるためにやるんだから、男女一緒にやった方がいいと思った」

「今度は男女一緒にできるやり方を考えたい」

という言葉がみられました。

話合いが一点でしっかりぶつかり合うと、採用されなかった案も子どもたちの頭の中に残って、ふり返りを促すのだと実感したのです。

第3章　「話し合いたいこと」を見つける　　37

子どもたち自身で課題を見つけられるように支援する

　「話し合いたいこと」（課題）はだれが見つけるのでしょうか。子どもたち自身が見つけて話し合ってほしいのです。しかし、最初からそれを期待すると、そうならない現実にぶつかって、悩んだり、いらだったりすることになります。子どもたちが学校生活で感じる違和感や不満を、「話し合いたいこと」に転換して話合いを行う経験を繰り返しさせることで、少しずつ自分たちで「話し合いたいこと」を見つけられるようにしていきます。

① 子どもたちに学校生活上の違和感や不満を書かせます。
② 4、5人の班でそれぞれ発表させます。
③ みんなに関わるもの、重要性と緊急性の高いものを、班ごとに1つ決めさせます。
④ 課題を学級で共有し、話し合いたい課題を多数決で1つ決めます。
⑤ 課題をもとに議題を作り（4章10項）、話合い活動を行います。

思考でリフレクション！

子どもたちが「話し合いたいこと」を見つけられるようにするために、ま
ずすべき支援は何でしょうか。

　掲示板を作ったり、議題箱を設置したりして話し合いたいことを募ってみ
たものの、子どもの反応が薄く頭を抱えたことがあります。しかし、「今、
この学級で子どもたちに話し合わせたいことは何か」、私自身がはっきりと
した答えを持っていないことに気づきました。そこで、学級目標を念頭に、
子どもたちの休み時間や給食時間、放課後の何気ない言葉に耳を澄ますよう
にしてみました。
　すると、ドッジボールをみんなで楽しくやっているように見えて、チーム
分けに不満がある子がいたり、係活動で不公平感を感じている子がいたりす
ることに気づくようになりました。さらに子どもたちを見ていると、それを
裏付けるような子ども同士のやりとりが目に付くようになりました。
　そのようなタイミングで、「最近の学校生活をふり返って、『なんかいやだな』
と思うことや、『納得できない』『何とかしたい』と思うことを書いてみよう」
と促すと、私がキャッチした課題が挙がってくることが多くなりました。
　子どもたちは、課題と言われてもピンとこないことがあります。子どもた
ちの中にくすぶっている不満を「話し合いたい課題」として顕在化させる経
験をさせることが、子どもたちが自分たちで「話し合いたいこと」を見つけ
られるようになる第一歩です。そしてそれを話し合って解決するという経験
にまでつなげることで、不満や違和感が議題になり得るということを実感し
ていくのだと考えています。

身体でリフレクション！

① あなたは、子どもたちが学校生活の中で感じる違和感や不満を「話し
　合いたいこと」に転換する機会を何度も経験させていますか。
② あなたは、「話し合いたいこと」を話し合って解決するという経験にま
　でつなげていますか。

　自分たちの生活をふり返って、書き出した課題をもとに話合い活動を何度

第3章　「話し合いたいこと」を見つける　　39

か繰り返したときのことです。「トイレの使い方が悪く、ちぎれたトイレットペーパーが落ちていてもそのままにされていて気持ちが悪いから何とかしたい」という課題が出されました。それまでに私が何度も指導し、あまり改善がみられていない課題でした。

　他にも複数課題が出されましたが、結局この課題が選ばれ、「トイレをきれいにする方法を一つ決めよう」という議題で話合いを行うことになりました。

　出された案は、次の２つでした。

　A案：ゴミは自分から進んで拾う
　B案：当番を決めて代わりばんこに掃除する

　こうした地味な問題に真面目に取り組もうとする子どもたちに感心しながらも、内心「Aに決まるのかな。そうなると、真面目な子どもばかりがやるということになってしまうかもしれないな」と思って見ていました。しかし、話合いが始まると、より負担が大きいBへと支持が集まっていき、最終的に「長い休み時間を使ってやろう」「３分でやれば十分に遊べるよ」とB案に決まったのです。

　そして早速活動が始まりました。帰りの会では掃除のやり忘れがないかのチェックも始まりました。子どもたちはいきいきと自主的に活動しはじめたのです。

　この活動で、私は、子どもたちが自ら課題を見つけてそれを話し合えば、その後の取り組み方もがらりと変わるということを経験しました。日頃の違和感や不満を議題に変える経験を繰り返したことが、「話合いによって自分たちの生活をよくすることができる」という実感を子どもたちに持たせることにつながったのだと思います。

子どもに「よいもの」を体験させ課題発見の感度を上げる

　「よいもの」とは、子どもたちが「こうなりたい、こうありたい」と思う理想の集団の姿です。「よいもの」を実感することで、それと自分たちの現状とを比べ、よりよい学級生活を過ごすための課題を見つけることができます。「よいもの」が具体的で、実感を伴っているほど、話し合いたいことも見つけやすくなります。

　「よいもの」をどんどん蓄積していくことが大切です。体験や経験を重ねることで、子どもたちの中に「よいもの」がどんどんストックされ、自分たちの現状を、たくさんの「よいもの」から多面的に捉えられるようにしていきたいのです。

① 「よいもの」を実体験させます。
② 子どもたちが感じている「よいもの」とのギャップを「どうしたいのか」「どうなりたいのか」という具体的な言葉にして話合い活動につなげます。
③ 「よいもの」を蓄積していけるようにします。

第3章　「話し合いたいこと」を見つける　41

思考でリフレクション！

「よいもの」とはどんなものでしょうか。

漠然と現状の課題を考えるより、「運動会のときの自分たちと比べて、今の自分たちはどうだろう」と考えると、より課題を見つけやすくなります。「よいもの」は、現在の自分たちとのギャップを意識させてくれるできるだけ具体的なものがよいのです。

大切なのは、クラス全員が同じものをイメージできる共通体験があることです。「ああ、あのことか」とみんなが思い浮かべられれば、向かいたいゴールを共有することができます。ゴールを共有していれば、そこに向かうためにどうするかを考える話合いが濃密になります。

身体でリフレクション！

① あなたは、「よいもの」のよさに気づかせていますか。
② あなたは、「よいもの」を繰り返し体験させていますか。

運動会の表現運動で「雀踊り」に取り組んだとき、私は、「Aくんがなかなかできなかったあのふり付けを、みんなが付きっきりでアドバイスしていたのを見たとき、このクラスは最高のチームだと思いました」と価値付けしました。「雀踊り」のときの自分たちはよかったのだと気付かせ、それを「よいもの」として、子どもたちに共有させたいと思ったのです。

「よいもの」は、日頃から探して伝えるようにしています。合唱の練習で、口を大きく開けてのびのびと歌っていたら、「すてきな歌声です。口を大きく開けて笑顔で歌えるのはいいクラスの証拠です」などと声をかけます。掃除のようすを撮影し、「机を持ち上げる高さ！　やる気が出ているね！」「これだけ真剣に掃除するクラスは見たことないです！」などと紹介することもあります。「よいもの」をその場で、すぐに気づかせるのです。

こうして子どもたちの中に「よいもの」がたくさんたまっていくほど、そして、それらに達成感や気持ちよさの実感があるほど、自然と「話し合いたいこと」への感度が高まっていくはずです。

第4章

話合いを準備する

掲示板を作って「話し合いたいこと」を発信させる

　一人ひとりが「話し合いたいこと」を見つけたとしても、その子どもが「○○を話し合いたい」と声を上げなければ、その課題について話し合われることはありません。発信のための具体的な手段を準備し、「みんなで話し合って解決策を見つけたい」という欲求を表に出したくなるような働きかけをします。

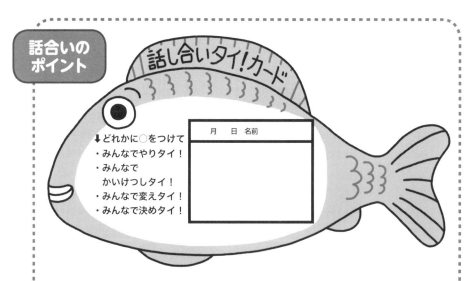

① 掲示板を設置し、一人ひとりが見つけた「話し合いたいこと」を貼り出せるようにします。
② 「話し合いたいこと」をクラスの全員で書いてみます。
③ 「話し合いたいこと」を１つ選んで話合い活動を行い、発信するとどうなるのかを体験させます。
④ 自主的に発信する子どもが出てきたら、それを取り上げてその姿勢を認めます。

思考でリフレクション！

掲示板に貼り出すことのよさは何でしょうか。

掲示板の大きな特徴は、発信の結果がだれの目にも見えることです。掲示板はだれでも見られるので、貼り出された瞬間から共有のステップが始まるというメリットがあります。反面、何もない掲示板に初めの一枚を貼るというのは子どもたちにとってとてもハードルの高いことです。ですから掲示板は、教室がだれもが自分の言いたいことを言える空間であるかどうかを計るバロメーターにもなります。

身体でリフレクション！

① あなたは、子どもたちから出た「話し合いたいこと」を例にして、掲示板に貼り出すにふさわしいのはどんなものかを理解させていますか。
② あなたは、発信が勇気のいることだと理解し、自主的な発信を大切に扱っていますか。

掲示板を設置したら、黒板に「書くためのヒント」を示して「話し合いたいこと」を書かせ、黒板に貼り出します。

あるとき、「先生の手伝いをするべきだ」「先生の給食を真っ先に配膳するべきだ」と書いた子どもがいました。私は、「先生のことを気遣ってくれてありがとう」と感謝した上で、次のように話しました。

「いい例を出してくれました。掲示板に

●書くためのヒント
・困っていること
・何かいやだなと感じていること
・なんとかしたいと思っていること
・みんなで解決したいこと
・みんなで考えたいこと
・みんなで決めたいこと
・みんなで変えたいこと
・みんなでちょうせんしたいこと

貼り出すのは、みんなで考えたいことであると同時に、みんなの生活がよりよくなるものです。これは、先生は楽になるけれど、直接みなさんの生活がよくなるものではありませんね」

全員のカードが貼り出されたら、このようにして、クラス全体で確認しながら掲示板に書き出すのにふさわしい内容を教えていきます。

「話し合いたいこと」を学級で共有する

　だれかが「話し合いたいこと」を見つけ、それを「○○を話し合いたい」と掲示板に貼り出しただけでは、まだ話合いをすることはできません。もう一つ重要なステップが必要です。それは、その「話し合いたいこと」を「学級のみんなで共有すること」です。言いかえれば、だれかが見つけた「話し合いたいこと」がみんなに共有されて初めて、学級全体にとっての「話し合いたいこと」となり、話合いの議題になっていくのです。初めは、発信された「話し合いたいこと」の存在を教師が学級に知らせ、学級で共有できるようにサポートします。

① 初めは、教師が発信を取り上げて紹介します。
② 発信の背景を聞き取って全体で共有します。
③ 係の子どもが朝の会などで発信を取り上げて、背景を聞き取る仕組みを作ります。

🔄 思考でリフレクション！

> ある子の「話し合いたいこと」が、みんなの「話し合いたいこと」になっているでしょうか。

　一部の人だけが話し合いたいと思っている状況で話合いを行っても、当事者意識の薄い、他人事の話合いになってしまいます。だれかが発信した課題意識や挑戦意欲を学級全体で共有する必要があります。「話し合いたいこと」を自分たちの姿として捉えられるかどうかが重要です。
　「掃除の時間にさぼってしっかりやらない人がいる」という課題が出されたことがありました。私は、全体の前で発信者に課題について話を聞いてみました。すると、他の子からも、「掃除をしないで植木鉢に水やりをしている」「ぞうきんを取りに行くときにおしゃべりをしている」「階段でぞうきん投げをしている」など、さまざまな事例が挙がりました。
　この課題を話し合うことが決まりました。たくさんの具体例を互いに聞きながら「さぼってやらない」の実際の姿を思い起こすことができ、課題意識が共有されたのだと感じました。

🔄 身体でリフレクション！

① あなたは、掲示板に「話し合いたいこと」カードが貼り出されたらすぐに気づいていますか。
② あなたは、「話し合いたいこと」の背景を聞き取る手本を見せていますか。
③ あなたは、子どもに任せる前に、教師による取り上げを軌道に乗せていますか。

　私は毎朝、教室に入ったら掲示板に「話し合いたいこと」が貼り出されていないか見るようにしています。それは、こんな苦い経験があるからです。
　初めて掲示板を導入したときのことです。女の子が「係の仕事をみんなでしっかりやりたい」と貼り出しました。私は発信にすぐに気づきましたが、子どもたちの反応を確かめたくてそのままにしました。しかし、クラスで「話し合いたい」という意識が広がっていくようなようすは見られません。2日後、発信者の女の子は私の近くに来て、「『話し合いたいこと』を貼ったけど、

どうなるのかなあ」と、ぼそっと独り言を言ったのです。私ははっとしました。

　私は、「○○さんが『話し合いたいこと』を貼りました。この一歩はクラスをよりよいクラスにするための大きな一歩です。拍手しよう」と言って、みんなで祝いました。せっかく貼り出したのに、だれにも見られずさみしく放置されていると感じたら、勇気を出して貼り出した子どもは、二度と発信しなくなってしまうかもしれないのです。

＊＊＊＊＊＊＊＊

　「話し合いたいこと」が初めて貼り出されたら、私は、発信者に「なぜそれについて話し合いたいと思ったのか」をインタビューしています。そして、「そのインタビューに半数以上が共感したら話し合おう」などと決めて、インタビュー終了後にみんなに挙手してもらいます。

　場合によっては、初めての発信を話合いにまで持って行けるように、発信者と事前に話をしてインタビューの受け答えについてアドバイスをしたりするなど、かなり力を入れてサポートすることが重要です。

　「廊下を走る人がいるのを何とかしたい」という発信がありました。私はみんなの前で、この発信をした子に「どうしてこれを話し合いたいと思ったのですか」とインタビューしました。

　その子は「休み時間になると、ボールを取りたいからといって廊下を走っていく人がいるからです」と答えましたが、ある子がすかさず声を上げました。

　「だって早く行かないとボールを取られちゃうし、ぼくは一度もぶつかってけがをさせたことがありません」

　これは、子どもの本音です。私は、それを否定も肯定もせずに、「という考えが出ていますが、言いたいことがある人はいますか」と問い返しました。子どもたちの発言を引き出してから、「今、本音を言ってくれたから、走る人の気持ちもわかりましたね。そういう本音も出し合って、みんなが納得できる結論を出せたらいいですね」と話しました。

　課題を共有するステップでは、子どもの思いや本音を丁寧に拾うことが重要です。せっかく出された本音を、「それは間違っている」と教師が正論でねじ伏せたりしてしまえば、きれいごとの話合いになってしまうからです。

　こうして、教師主導での課題共有のステップが軌道に乗ってきたら、徐々に子どもたち自身に発信を取り上げさせるようにしていきます。

　大事なのは、掲示板に発信されたことを、すぐに取り上げる体制を作りあげていくことです。それが、次の「話し合いたいこと」の発信を後押ししていきます。

司会団を立てる

　司会団は、子どもたちによる自主的な話合い活動の中心となる役割です。司会団は話合いの進行だけでなく、「話し合いたいこと」の発信を取り上げたり（08項参照）、「話し合いたいこと」を議題化（10項参照）したりもします。

　司会団はクラスの全員に経験させます。議題の設定から話合いに関わったり、話合いに進行役として参加したりすることで当事者意識が上がり、運営役・進行役の視点を持つことができるようになります。進行役をやってみると、手遊びや、「考え中です」を繰り返されることのつらさや、議論が前向きにかみ合ったときの高揚感を実際に体験できるからです。

話合いのポイント

① 司会団のグループ（4～5人）を作り、年間を通して司会団を持ち回ります。
② 議題作りと話合い時の運営を行います。
③ 話合い時の役割分担（司会、副司会、黒板書記、ノート書記）は、グループ内で相談して決めます。
④ 学級の全員が司会団を経験します。

第4章　話合いを準備する　49

思考でリフレクション！

司会者は全員に経験させるべきでしょうか。

みんなの前に立つだけで緊張してしまう子は声を発するだけでも大きなチャレンジです。ましてや話合いの進行となると、いきなりうまくできるはずはありません。しかも年間で一回しかその機会がないとなると、苦手意識だけを残すことになってしまいます。

人には得手不得手があります。書くことで力を発揮する子もいれば、時間管理や指名を確実に行う子もいます。そこで、子どもの得手不得手を認め、司会者ではなく司会「団」を全員が経験すればよいと割り切ることにしました。

すると、話合い活動に取り組む子どもたちの姿が変わってきました。話合い前に、司会団で集まってわいわいと役割を分担し、2回目の司会団が回ってくると前と違う役割にチャレンジする子も出てくるなど、自然とうまく回るようになったのです。

身体でリフレクション！

① あなたは、話合い活動の中で、司会団の子どもたちに任せられることを探していますか。
② あなたは、話合い時の役割の仕事内容を子どもたちに理解させていますか。

私は、司会団が仕事をするのは話合いの時だけだと思っていました。しかし、どうしたら子どもたちが主体的に話合い活動を行えるようになるのだろうと試行錯誤する中で、「どんどん子どもたちにやらせてみる」という簡単なところに行き着きました。

「話し合いたいこと」を司会団が取り上げて紹介するようにし、議題も発信者と司会団が考えるようにしました。すると、休み時間に丸くなって楽しそうに議題を検討するようになりました。子どもたちの話合いに対する当事者意識が上がるのを見て、私はふと肩の力が抜けたような気持ちになったことを覚えています。

＊＊＊＊＊＊＊＊

　司会団でどの役割を選ぶかについても、子どもたちに任せることにしました。ただ、役割ごとの仕事内容ははっきりさせ、責任範囲を明確にするようにしました。すると、子どもたちはその仕事にプライドを持って取り組むようになりました。
　私は現在、下記〈プラス〉に示したように仕事を分担させています。話合いの一回目に仕事の内容とやり方の概略を全体に向けて説明をし、あとは実際の話合いの中で具体的に教えています。私の学級では１年間で同じグループに司会団が回ってくる機会は、２〜３回です。２回目、３回目の司会団が回ってきたときに、前回と同じ役割を希望する子もいますが、違う役割を希望する子もいて、それぞれに目当てを持って取り組んでいるように感じます。

司会団の役割と係

役割
①掲示板に貼られた「話し合いたいこと」から、話し合うものを決める。
②議題と提案理由を作る（何を決めるのか、何のために決めるのかをはっきりさせる）。
③話合いの進行をする。

係
①司会：話合いを進行する。
②副司会：指名と時間管理をする。
③黒板書記：発言を短冊に書いて黒板に貼る。
④ノート書記：黒板をノートにまとめる。

10 「話し合いたいこと」を議題化する

「話し合いたいこと」が学級で共有されたら、話合いで何を決めるのかをはっきりさせます。これを議題化といいます。たとえば、「○○の成功を祝う会をみんなでしたい」が共有され、話し合うことに決まったとします。その場合、「祝う会でするゲームを１つ決めよう」などというように、話合いが終わった後に何が決まっているのかがはっきりわかるような一文にするのです。こうすることで、何について話し合うのかがはっきりし、話合いが焦点化されます。議題化は、教師も関わりながら、「話し合いたいこと」の発信者と話合いを担当する司会団に行わせます。

話合いのポイント

① 発信者と司会団が中心になって議題化をします。
② 掲示板に共有された「話し合いたいこと」が複数ある場合は、どれを話し合うかをクラスのみんなで決めます（観点は、みんなに関わるもの、より重要なこと、より緊急性が高いこと）。
③ 「話し合いたいこと」をもとに、議題を検討します。
④ どのような案が出るかを予想しながら議題を決めていきます。
⑤ 議題は一文で示し、文末は「〜を決めよう」とします。いくつ決めるのかもはっきり明示します。

思考でリフレクション！

何を決める議題になればよいのでしょうか。

「宿題を出さない人がいるから、朝の会で提出チェックに時間がかかっている。それをなくしてみんなでゲームをする時間を作りたい」という発信がありました。

この「話し合いたいこと」をどう議題化するかを司会団で検討したときのことです。「宿題をみんなで朝に出すためにすることを決めよう」はどうかとなり、どんな案が出されるか予想しました。その中に、「宿題を出さなかった人は、先生に何かされる」というものがありました。先生にげんこつされる、くすぐられる、廊下に立たされるなどという内容でした。

私は、「先生に変えてほしいと思っているの？　それとも、自分たちで変えたいと思っているの？」と問いかけ、「話合いは、先生がやることをあなたたちが決めるわけじゃないのです。あなたたちがすることを決められるような議題にしたいね」と話しました。

議題は、「自分たちで」という言葉を加えて、「宿題をみんなで朝に出すために自分たちですることを決めよう」となりました。

子どもたちがみんなで取り組むことを決める議題になるようにアドバイスをしています。

身体でリフレクション！

① あなたは、「話し合いたいこと」をもとにしながら、子どもに経験させたい「考え方や価値観のぶつかり合い」が起きる議題になるようにアドバイスをしていますか。

掲示板に「休み時間にみんなと外で遊びたい」という発信がありました。このとき、クラスには、

・みんなで遊ぶ機会を増やしてもっと一つになろう
・それぞれやりたいことをやって過ごす自由を尊重してほしい

という２つの考え方がせめぎ合っていました。

私は、この２つを話合いでぶつけ合わせ、互いに理解し合い、何らかの合

第４章　話合いを準備する　　53

意点を見つけさせたいと思い、「みんなで遊びたいのなら、掲示板に提案してみたらどう？」と背中を押していたのです。

発信者と司会団を集めて議題を考えさせると、

イ案：みんなで週に何回遊ぶかを決めよう

ロ案：週に一度みんなで遊ぶ遊びを決めよう

という２つの案にしぼられました。

次に、それぞれの議題でどのような考えが出されるか予想させました。

イ案では、「週に一回、必ずみんなで遊ぶ」と「週に一回、できるだけみんなで遊ぶ」

ロ案では、「ドッジボールをやりたい」という男子と、「バレーをやりたい」という女子の意見がぶつかるのではないかという予想が出ました。

私はイ案がいいと考えました。必ず遊ぶのか、できるだけ遊ぶのかについて話し合われる中で、私が子どもたちに経験させたい考え方のぶつかり合いが起きそうだと予想したからです。

私は、「『週に一回必ず』か『週に一回できるだけか』について、みんなはどっちがいいと思う？」と司会団にたずねてみました。すると案の定、意見が分かれました。そこで、「お互いの考え方が違うからといってお互いに知らんぷりをするんじゃなくて、どうしてそう考えるかをぶつけ合ったら何か生まれそうな気がしますね。イ案の議題で話し合ってみたらどうだろう」と、率直にイ案を推薦しました。

このように、子どもたちの「話し合いたいこと」を尊重しながら、私自身が話し合わせたいと考える論点を入れ込められるよう、子どもたちと話をしながらすり合わせていくという意識でアドバイスをしています。

11 話合い活動に適さない議題

　話合い活動に適さない議題があります。もっとも気をつけるべきは、特定の子どもに焦点が当たり、その子を傷つけてしまう可能性のある議題です。

　その他、学習指導要領には、「児童に任せることができない条件を明確にして指導する」問題の例として、57ページの〈プラス〉に示すような項目が挙げられています。

　これらのことは議題化の前に教師が気づき、任せることができない条件を明確にしたり、議題の形を変えさせたり、議題化にストップをかけたりといった働きかけをします。

話合いのポイント

① 議題の設定に教師が関わります。
② 特定の個人に焦点が当たらないかどうか、教師が判断します。
③ 個人が焦点化されると判断したら、議題の視点を変え、みんなで取り組める内容にします。

思考でリフレクション！

個人が傷つく可能性のある議題とはどのようなものでしょうか。

　特定の子に原因があると多くの子が思っている問題はないでしょうか。たとえば、ある子が毎日のようにだれかをたたいたりけったりしている場合。教室から暴力をなくしたいという発信が出されたとすれば、それはそのまま暴力を振るう子一人への不満となって噴出する可能性があります。安易に議題化して話し合うことは避けなければなりません。
　話合い活動は、クラス全員がどうしていくかを決める場です。話合いが個人の責任に行き着くような問題が、議題に隠れていないかどうかに気を配るようにしています。

身体でリフレクション！

① あなたは、なぜそのことを話し合いたいのか、話し合ってどんな結果を得たいのかを掘り下げて子どもに問いかけていますか。
② あなたは、子どもが提案する議題が個人を傷つける結果を招くと判断したら、形を変えるように働きかけていますか。

　特定の子どもに焦点が当たることを議題にしないというのは、裏を返せば、みんなでやっていくことを話し合うということです。
　「どうしたら教室をきれいにできるか」について話し合いたいという発信がされたことがありました。私は、「うん。きれいな教室は気持ちいいよね。これを話し合いたいと思ったのはどうして？」と問いかけました。すると、「教室を汚くしているのはほとんど、Ａくんです。だから、みんなでＡくんが片づけられるようにする方法を考えたらいいと思うんです」と答えました。
　私は、話合いが、Ａくんの行動の分析に始まり、なぜＡくんはいろいろなものを散らかすのか、なぜそのまま片づけないのかなど、Ａくん個人を責めるような方向に展開しそうだと判断しました。
　そこで、「人にはそれぞれ課題があるよね。その課題を自分が望んでいないのにみんなに取り上げられたらどうだろう」と話し、個人攻撃になる可能性がある話合いはできないことを理解させました。そして「話合いはだれか

一人の課題を考えるのではなく、みんなの課題を考える時間にしたいですね」と伝え、「クラス全員で」という文言を入れて議題を作ってみるように助言しました。

実際の話合いでは、「教室をきれいにするためにクラス全員で意識することを決めよう」という議題で話合いが行われ、「落ちているゴミはすぐ拾う。自分の身の回りをいつもきれいに」というポスターをつくるという結論になりました。Aくんは個人攻撃をされることはありませんでしたが、結論が出た後に隣の子から「Aくん、気をつけてよ」と言われて苦笑いしていました。

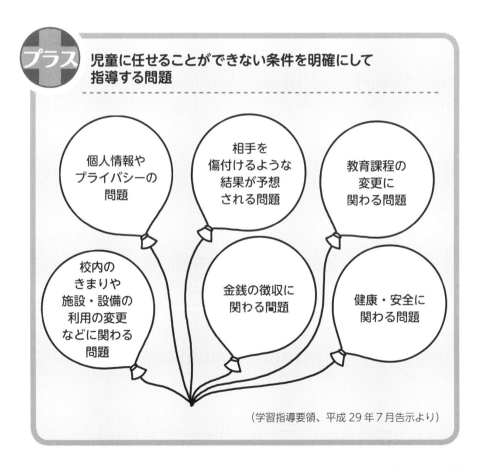

(学習指導要領、平成29年7月告示より)

12 提案理由をはっきりさせる

　議題を決めるときには、必ず提案理由も決めます。議題は「何を決めるか」というゴールを示し、提案理由は「なぜそれを決める必要があるのか」、または「何のために決めるのか」という目的を示します。目的のはっきりしない話合いでは、「これがいい」「いや、あっちがいい」と、主観をより所にした衝突が起きて議論がまとまりません。提案理由を決めるのは意見のより所を一つにするということです。

　また、提案理由は、議題を考える際の制約になります。提案理由という制約をクリアしようとする中から思わぬアイデアが生まれます。

話合いのポイント

① 議題と提案理由を必ずセットで決めます。
② なぜ議題の内容を決める必要があるのか、何のために議題の内容を決めるのかについて文章化します。
③ 司会団と発信者が話し合って決めます。教師も加わってアドバイスをします。

思考でリフレクション！

話合いの中で、提案理由が意見のより所になっているでしょうか。

提案理由を示さず、「お楽しみ会でやるゲームを１つ決めよう」という議題だけで話合いをさせたことがありました。子どもたちはドッジボールとキックベースの２案を出しました。

話合いは平行線となりました。ドッジボールをやりたい子は、「みんながルールを知っているからやりたい」と言い、キックベースをやりたい子は、「知らない女子には男子が教えればできる」と言います。結局、多数決となり、ドッジボールに決まりましたが、キックベースを推していた子どもたちは明らかに不満顔でした。話合いによって、異なる考えを持つ子どもたちの理解が深まるどころか、対立が深まってしまい、肝心のお楽しみ会でも、クラスはギクシャクしたままでした。一体何のために話合いをしたのだと頭を抱えた失敗でした。

身体でリフレクション！

① あなたは、「それを決めてどうなりたいの？」「何のためにそれを決めたいの？」などと質問をして、子どもたちから議題を決める目的を引き出していますか。
② あなたは、前の話合い活動での子どもたちのふり返りが、今回の提案理由に反映されるように働きかけていますか。

私はその失敗を反省し、次の話合いでは、同じ議題「お楽しみ会でやるゲームを１つ決めよう」で提案理由も考えさせました。

「ゲームをやってどうなりたい？」と投げかけると、司会団の子どもたちはポカンとしています。

「何のためにゲームをしたいの？」と言葉を変えると、「楽しくなりたい、かな」と子どもたちは答えました。私は重ねて質問しました。

第４章　話合いを準備する　59

> T：だれが楽しくなればいいの？
>
> C：みんなに楽しくなってほしい
>
> T：うん。つまり、どんなゲームでもいいんじゃなくて、みんなが楽しめるようなゲームにしたいわけだね
>
> C：はい
>
> T：じゃあ、みんなが楽しめるゲームができたら、クラスはどうなるだろう
>
> C：団結力が高まる

　こんなやりとりの末に、「お楽しみ会で全員が楽しめるゲームをやって、クラスの団結力をもっとアップしたいから提案しました」という提案理由ができました。

　提案理由がはっきりしたことで、2回目の話合いは変わりました。「ドッジボールはルールを全員が知っているけれど、強い人ばかり活躍するから全員が楽しめるとはいえない」「キックベースで男子が女子に教えることで団結力が高まる」というように、提案理由をより所にして議論がかみ合ったのです。

＊＊＊＊＊＊＊＊

　「2回目のお楽しみ会をもっとよいものにするための工夫を1つ決めよう」という議題の提案理由を考えたときには、検討材料として、第1回お楽しみ会のふり返りカードから抜粋した反省を提示しました。

　「司会の話を聞かない人がいたので、次はなくしたい」「並ぶのに時間がかかったので、素早く動いてゲームに使える時間を多くしたい」などの記述を見ながら、子どもたちは「たしかにそうだったね」と納得しながら、検討を進めていきました。

　そして、「司会の人の話をきちんと聞いたり、時間を無駄にしないようにしたりすることで、1回目よりもみんなが笑顔で仲良くなる会にしたいから提案しました」という提案理由ができあがり、話合いの結果、「やさしく呼びかける係」というものができました。

13 議題と提案理由を話合いの1週間前に説明する

　議題も提案理由も少しの間、子どもたちが頭の中に置いておけるようにします。話合いを行う数日前に知らせ、さらに目に触れるところに掲示することで、自然と思い出したり、考えたりできるような環境を整えます。
　この「なんとなく考え続けている時間」をうまく使うことで、子どもに無理をさせることなく、時数も使うことなく、少しずつ自分の考えを決めていくというように話合い活動を進めることができます。

話合いのポイント

① 話合い本時の1週間前を目安に、議題と提案理由を司会団が説明します。朝の会や帰りの会などの短い時間を使います。
② 必要があれば、教師は自治範囲を示す条件を提示します（6章33項参照）。
③ 質問を受け付け、議題と提案理由への疑問をなくします。
④ 議題と提案理由を教室に掲示します。
⑤ 説明の翌日、議題についての考えを聞き合う短い時間を取ります。

思考でリフレクション！

> 議題と提案理由は、話合いの前に子どもたちに十分に浸透しているでしょうか。

　議題と提案理由を話合いの直前に発表したことがあります。ついさっき知ったばかりの議題や提案理由で話合いを始めたため、子どもたちからは思うように考えは出てきません。それでも時間は刻々と過ぎていきます。45分はあっという間です。横で見ている私はいらだち、「真剣に考えていますか？」とハッパを掛けたり、ついには「こんな考えもあるでしょう？」などと私の考えを押しつけたりしました。
　これでは、子どもたちにとって実りある時間にならないばかりか、教師自身が話合いを避けるようになってしまいます。

身体でリフレクション！

① あなたは、話合い前に子どもたちが議題について考えるきっかけを作っていますか。
② あなたは、子どもが議題について考えていることをキャッチして、話合いがどうなるかをイメージしていますか。

　考えが出てくるためには、なぜ議題について話し合うのか、議題を話し合うことで何を目指すのかといったことが、子どもたちに浸透していなければなりません。そのためには、議題を思い出しては考えることを繰り返す機会が必要なのです。
　そこで、議題と提案理由を貼り出して目に付くようにし、またペアで議題について何を考えたかを聞き合う活動をすることで、考えるきっかけを与えるようになりました。すると、貼り出された議題と提案理由を子どもがしばらく眺めていたり、給食の時間に「ねえ、どうする？」と話題に上げたりするようになりました。
　子どものふとしたつぶやきを拾って、次に話し合うことについて会話することもあります。私は自分の考えは言いません。教師の考えは子どもに大きな影響を与えるからです。しかし、「へえ。そう思ってるんだね」「なるほどね。

そういう考えもあるか」などと相づちを打って聞いていると、子どもたちの考えが分かります。そこから、本時の話合いがどのように進むかをイメージすることで、司会団との事前の打ち合わせ（16項参照）で、意見がぶつかり合うポイントを司会団にイメージさせることができるようになります。

　このようなことが話合いの質を高めるための重要な下ごしらえになっているのだと思います。

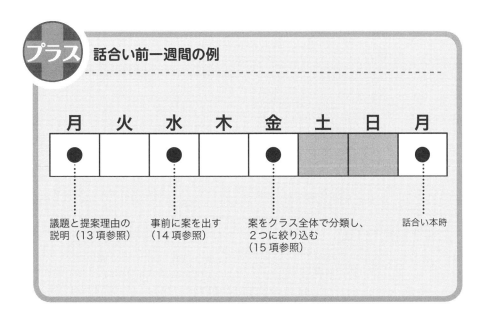

14 事前に案を出す

　話合いが始まってから議題についての案を出していては、1単位時間（45分）の中で考え方や価値観をぶつけ合ったり、アイデアをつないでいったりする時間を十分に取ることは困難です。

　前もって案を出すことで、本時で、考え方や価値観を何度もぶつけ合う時間を確保でき、相互理解が進みます。また、類推しながら意見をつなげる時間も十分に取れるので、「みんなで考えると一人では思ってもみなかったひらめきが生まれることがある」という実感を得ることもできます。

話合いのポイント

① 議題についての考えを一人ひとりに書かせます。議題と提案理由の説明があった翌日の宿題などで取り組ませます。
② 4、5人の班で、それぞれの考えを発表させます。
③ 発表したことをヒントに、提案理由を満たす案を班で話し合わせます。
④ 班としての案を1つ短冊に書かせます。短冊は横書きで書いておくと、黒板の準備（17項参照）をスムーズに行えます。
⑤ ②～④を、朝の学級の時間などに15分程度で行います。

思考でリフレクション！

事前に案を出す活動はどんな場で行われるとよいのでしょうか。

　この時間は、子どもたち全員が発言し、互いの考えを知って「へえ！なるほど」と感心したり、互いの考えを刺激にして「じゃあ、こうしたらどうだろう」と類推したり、自分の考えが練り込まれたという参加の実感を得たりする場にしたいと思っています。

　そのためには、まず、自分の考えを紙に書いてはっきりさせること。次に、それを口に出す場を持つことが重要です。クラス全員の前で挙手をして自分の考えを発表するのはハードルが高いですが、班という少人数で順番に発表するというシステムに乗るとなると発表のハードルはぐっと低くなるようです。

　この班活動をするようになってから、話合い本時が変わってきました。全体の前では挙手できないけれど、言いたいことがあるという子が、話合い本時の中で少人数による話合いをしたときに積極的に話すようになりました。自分も参加しているという意識が、そのあとの話合いへの参加意欲につながっているのだと感じています。

身体でリフレクション！

① あなたは、子どもたちを立たせたり、自分の考えを書いた紙を動かさせたり、ホワイトボードを使わせたりして、動きながら考えるように促していますか。
② あなたは、子どもの自由な発想を実現可能なものに変換していますか。
③ あなたは、類推思考でアイデアをつなげる手本を見せていますか。
④ あなたは、班としての案が提案理由を満たすものになっているかどうかに気を配っていますか。

　活動を始めた当初、机を合わせてグループを作り、座って話をさせていました。しかしなかなか会話が弾みません。そこで、立って活動をさせてみました。それだけで会話は活発になりました。さらに、お互いの考えを書いた紙をくっつけたり離したりしながら話すようにしたり、出てきたキーワードをホワイトボードに書かせたりすると、さらに活発になりました。

第4章　話合いを準備する

****

　お楽しみ会のゲームを考えたときに、町内かくれんぼをやりたいという考えが出たことがありました。これは、お楽しみ会のゲームの範疇を超えています。

　私は、「すごく面白そうだね。でも、学校の外に出ることはできないんだよなあ。学校全部を使うかくれんぼなら可能性があるかもね。かくれんぼをしているって気づかれないくらい静かにやれるならだけど」などと、子どもの発想を生かして実現可能な形に変換してやることを心がけ、自由な発想を歓迎する雰囲気を作り出すようにしました。発想が自由であるほど、話合い本時に多角的な視点が生まれるからです。

****

　班で案を１つ考えるときは、出された案が起点となったりヒントになったりして新しいひらめきが生まれるような場にしたいと思っています。たとえば、お楽しみ会のゲームとして、「障害物競走」と「トランプ」という２つの考えが出されたときには、「障害物にトランプタワーを使うっていうのもいいかもね。崩したら積み上げなくちゃいけない障害物なんて面白いよね」などと一言投げかけてやります。アイデアをつなげるという視点に気づくことは、話合いの本時でも、二者択一ではなくＡのよさをＢに生かすという思考につながるからです。

　このように、発想を広げることが面白くなると、面白半分、ふざけ半分で考えを重ねていく子どもも出てきます。発想を広げるにはそれは重要なことなのですが、歯止めがきかなくなって雰囲気が崩れてしまったこともありました。さまざまなアイデアがたくさん出た後は、もう一度地に足を付けさせるために「たくさんいい考えが出たね。じゃあ、ここから提案理由を考えながらこの班の案にまとめてみよう」と声をかけ、提案理由を思い出させます。

15 案をクラス全体で分類し2つに絞り込む

　班ごとに考えられた案（14項参照）を短冊に書いて黒板に貼り出します。8班あれば、8枚の短冊が黒板に貼り出されます。

　短冊をみんなで眺めながら、同じものを重ねたり、似ているものを集めたりして分類していきます。この作業を全員で行うことで、それぞれの案への理解が深まり、どの案に魅力を感じるか、自分なりの判断ができるようになります。

　分類したら、2案に絞り込みます。本時の話合いを焦点化するためです。

話合いのポイント

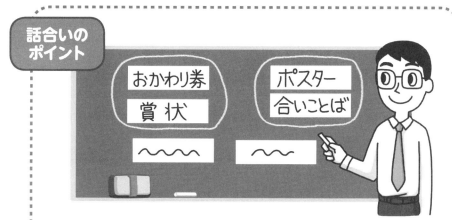

① 班ごとの案を書いた短冊を黒板に貼り出します。
② 短冊の内容を班の代表が順に説明していきます。分からないところは質問します。
③ 教師が進行役となり、同じものや似たもの同士で分類し、似たものが複数集まった島にはタイトルを付けます。
④ 投票し案を2つに絞ります。
⑤ ①〜④の活動を15分程度で行います。

第4章　話合いを準備する　67

思考でリフレクション！

案を分類し、絞り込む活動はどんな場で行われるとよいのでしょうか。

時間を惜しんで、私がぐいぐいと進めてしまったことがあります。「この案とこの案は似てるよね。じゃあ同じ島にしよう。こっちはどう？　これは違う島だね」と進めていって、短時間で分類を終えました。しかし、子どもたちはポカンとしています。教師の思考のスピードについてこれないのです。

初めは時間がかかります。しかし、短冊の貼られた黒板を子どもたちに渡すような気持ちで、「どうだろう。同じものはあるかな」と考えさせます。そして次に、「じゃあ、似ているものはあるかな」とまた考えさせます。「なるほど、○○なところが似ているね」と理由を全体に返して共通理解を図りながら進めます。これは違うなと思ったときには、「どうしてそう思う？」などとやりとりをしながら分類を導いていきます。子ども一人ひとりが、自分の考えも含まれたみんなの案を分類していると思えるような場にしようと思っています。

２案に絞るための投票も、一人ひとりが自分の考えに従って自由に行う場にしたいです。一人ひとりの考えは違っていて当たり前で、友だち関係と投票は区別してよいのだという価値観を普段から繰り返し伝えておくようにしています。

身体でリフレクション！

① あなたは、案の背景や思いを子どもたちから引き出していますか。
② あなたは、分類が案の持つ本質によってなされるように導いていますか。

出された案を分類しながら、その案がどうして出てきたのかという背景や、その案を推したいという思いが学級に十分に伝わると、出されている案は「みんなの案」になっていきます。

「ドッジボールをみんなで楽しくできるようにするためのルールを一つ決めよう」という議題に対して、「試合が終わってボールを投げていない人がいたら、その人数分のポイントを引く」という案を出した班がありました。

その理由は「みんながボールを投げられたら楽しいと思うから」というとてもあっさりしたものでしたが、その案を班で検討しているときは、違いました。1人の女の子が「いつも強い男子ばかりがボールを取っていてずるいし楽しくない。私だってボールを取って投げてみたい」という本音を発していたのです。

　私は、その女の子を指名して「この案に込めたあなたの気持ちを言えますか?」とたずね、彼女の思いを全体の場で引き出しました。これで、子どもたちが案に感じる印象や重みががらっと変わったように感じました。

*　*　*　*　*　*　*　*

　「授業でみんなが積極的に発言できるようになるために取り組むことを一つ決めよう」という議題に対して、次の4案が出たことがあります。
　①おかわり券をもらえる
　②会社から賞状をもらえる
　③ポスターを作って貼り出す
　④合い言葉を作る
　ここで、どれも方法が違うと安易に捉えてしまえば、①、②、③、④を分類することはできません。そして、分類しないまま2案に絞ろうと投票すれば、票が割れて、①と②だけが残るということが起きてしまいます。
　しかし、4つの案の本質を考えると、①と②は、外的要因で発言を促す取り組みであり、③と④は、自発的変化に期待する取り組みです。そこで、子どもたちとやりとりをしながら、①と②を集めた島に「ごほうび」、③と④を集めた島に「自分から」などとタイトルをつけて、それぞれ本質的に同類であることを理解させます。そして案を2つに絞り込むときは、①と②から一つ、③と④から一つというようにして、本質の異なる案どうしが本時の話合いで議論されるように導いています。

第4章　話合いを準備する　　69

16 司会団と話合い前の打ち合わせをする

　子どもたち自身で話合いを進行できるようになってくると、話合いは子どもたちの日常のものとなっていきます。子どもたち自身で進行できるようにするには、司会団が見通しと自信を持って話合いに臨めるようにすることが大切です。

　司会団の子どもたちと事前の打ち合わせをし、今日の話合いではどんな意見が出そうか、どこで意見のぶつかり合いが起きそうか、そして、どのように進めていくかを考える時間を取ります。

話合いのポイント

① 話合い当日の朝や、話合い前の休み時間などに15分程度、司会団と打ち合わせをします。
② A1サイズの大きなホワイトボード（A3用紙でもよい）を囲んで、司会団の子どもたちの発言を書き出します。
③ 案ごとにどんなよさと課題が出そうか、意見がぶつかり合うポイントはどこか、司会団と対話をしながら予想をさせます。
④ 「話合いの3ステップ」（5章21、22、23項参照）の時間配分を確認します。

思考でリフレクション！

教師が司会団と事前の打ち合わせをしながら考えるべきことは何でしょうか。

「最初の5分でたくさん案を出してもらって、次に質問を受け付けよう。それから……」という具合に、時間配分を指示するだけの打ち合わせをしていたことがあります。しかし、その5分でどんな案が出るのかを予想しないことには、子どもたちは話合いの見通しを持つことができません。子どもたち自身の言葉でどんな意見が出るかを予想させ、それを聞きながら、私も「集中的に議論したいポイント」(5章22項参照)はどこになるのだろうかと予想するようにしています。

身体でリフレクション！

① あなたは、司会団の子どもたちに「話合いの3ステップ」(5章21、22、23項参照)の流れを体験させていますか。
② あなたは、予想される意見を子どもの言葉で話させていますか。
③ あなたは、子どもの言葉から、話合いで「集中的に議論したいポイント」(5章22項参照)をイメージしていますか。

学級通貨の使い方について話し合ったことがありました。課題として出されていたのは、次の4点でした。
- 忘れ物をしたときに学級通貨が使われている
- 学級通貨で宿題を代わりにやってもらっている
- 賭け事をしている
- 落ちている学級通貨がそのまま使われている

話合い前の司会団との打ち合わせで、どんな意見が出そうか予想させた結果、「自分で稼いだものだから、どう使うかは持ち主が決めていい」という意見と、「自分のお金でも、何をやってもいいというわけではない。ルールが必要」という意見がぶつかり合いそうだと予想されました。

私は、この2つの意見がもっともぶつかりやすい課題はどれかと子どもにたずねました。すると、司会団の子どもたちからは、「お金で宿題をやってもらうのはおかしいと思うので、やっぱり宿題だと思う」「宿題をやっても

らうことにお金を使っていいのかどうかをはっきりさせた方がいいと思う」という意見が出され、宿題についてたくさん意見をもらうことになりました。

そして、本時の話合いでは、「宿題は自分の力を付けるためにするもの。お金でやってもらっても自分の力にはならないのだから、お金は何に使ってもいいわけではない」という考え方が確認され、さらに学級通貨の使い方に関する憲法を作るということになりました。

宿題を肩代わりしてもらうという具体的な問題を考えたことで、子どもたちは、「お金で買ってはいけないものもある」という結論を導き出すことができたのです。

17 黒板の準備をする

　黒板は、話合いの過程が一目で分かり、今考えるべきことをシンプルに捉えられるようにするためのツールです。大きさの整った字で丁寧に書いてあるかということよりも、子どもたちの思考を助けるものになっているかどうかという視点で捉えるようにします。

話合いのポイント

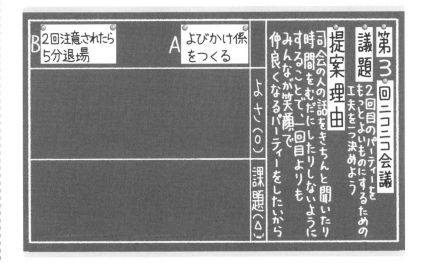

① 黒板の右端に、第○回○○会議／議題／提案理由を書きます。
② 上下二段の枠を準備します。
③ 枠内上端の左右に、絞り込まれた２案の短冊を貼り、Ａ、Ｂの記号を書きます。

第４章　話合いを準備する

思考でリフレクション！

話合いを黒板にどのように書きとめればよいでしょうか。

　私はもともと、意見が出された順に、黒板の右端からそれらを書きとめさせていました。話合いが進むにつれ、意見が前出のものと関連するようになってきます。黒板書記の子どもがそれを表現しようと、一生懸命に関連する言葉を丸で囲んで線でつなぎますが、黒板はどんどん見づらくなっていきました。

　黒板の書き方が、意見がつながらないことの原因の一つなのではないかと思うようになりました。そこで黒板の書き方をいろいろと試行錯誤し、複雑になりすぎない程度の構造化を目指すようになりました。

身体でリフレクション！

① あなたは、話合い後に黒板を写真に撮って記録に残していますか。
② あなたは、黒板を見て、話合いの中身がすっきりと読み取れるかどうかを確かめていますか。

　話合い後に黒板をじっくり眺めるといろいろなことが見えてきます。出された意見の量や中身だけでなく、どこに意見が集中したかも読み取ることができます。また、黒板の使い方のまずさに気づくこともあります。

　案を２つに絞り込んで話合いをするようになったばかりのころは、あらかじめ黒板の中央で縦線を引いてＡＢ両案の枠を準備し、どちらの枠も右から左へと書き進めるようにしていました。しかし、それぞれの案に出る意見の数に差があると、どちらかの枠ばかりが埋まって、書く場所がなくなってしまうということになります。結局、もう一方の枠の空いているところに書かざるを得なくなり、非常に分かりにくい黒板になってしまいます。

　そこで、両案を両端からまん中に向かって書き進めるようにしたのです。これも、話合い後に黒板の写真を眺めていたときに思いついたアイデアです。

第5章

3ステップで話合いをする

18 話合いの進行を司会団に任せる

　話合い活動では、子どもたち自身が、集団の合意形成を目指して話合いを進めていくことを目指します。初めは形から入ります。話合い活動の経験が少ない低学年でも、初期の段階から司会団を立てて、子どもたち自身で話合いを進行していく体制を作ります。子どもたちは、役割が与えられることで、話合いは自分たちが進めていくのだと理解するからです。

　初めのうちは、教師が司会団の横で、必要に応じてモデルを示しながら進行の仕方を教え、少しずつ司会団に任せていきます。

話合いのポイント

① 話合いを子ども自身で進行できるように、「話合い進行の手引き」を与えて原則を教えます。
　　原則1：今、何についての意見が欲しいのかをはっきりさせる。
　　原則2：進行に集中し、議論には参加しない。
② 教師は、結論に口を出さず、進め方の指導に徹します。

思考でリフレクション！

　子どもたちにどんな進行ができるようになってほしいのでしょうか。

　子どもたちには、よりよい結論を出せるように、自分たちで考えながら話合いを進められるようになってほしいと願っています。
　そのためには、大人の正論を押しつけないことが大切です。子どもたちは、物足りない結論を出すことがあります。再考させたくなるような結論を出すこともあります。しかし、子どもたちは、そうした経験を繰り返して、自分たちで話合いを進められるようになっていきます。
　話合い本時では、思考の整理の仕方、話合いの進め方の指導に徹します。話し合って決めたことを実践させてふり返らせることを大切にし、話合い活動全体を通して子どもたちを育てていくという捉え方をしてみると、話合いの結論に口を出したくなる欲求を抑えることができます。

身体でリフレクション！

　① あなたは、自分の価値観を表明したいという欲求を抑えていますか。
　② あなたは、進行の指導を、司会団を通して全体に行っていますか。
　③ あなたは、司会団以外の子どもたちも進行に主体的に関わるように指導していますか。

　「ちょっとストップ。みんな、本当にその結論でいいの？」と言って話合いに介入したことがあります。「廊下を走らないようにするために取り組むことを一つ決めよう」という議題に、子どもたちが「ポスターを描く」という結論を出そうとしていたときでした。
　これまでにも数々のポスターが作られていましたが、大きな効果は上げられていませんでした。私は、また同じ結論を出そうとしていることにいら立ち、「もう一つの案『見回り隊を作ってやさしく注意する』の方がよいのではないか」と子どもたちに迫りました。結論は覆りました。
　しかし、結論には、実効性がまるでありませんでした。最後の最後で正論を振りかざし、子どもたちから話合いの主導権を奪ってしまったからでした。
　話合いはあくまで子どもたちのものです。話合いの結論が稚拙だったとし

第5章　3ステップで話合いをする　77

ても、その場での口出しはせず、実践してふり返る機会をつくって子どもた
ち自身にそれに気づかせ、次に生かすように促すことが大切です。

＊＊＊＊＊＊＊＊

　話合いでは、司会の子どもが混乱したり、同じ人ばかりを指名したり、闇
雲に発言をさせて時間ばかりが過ぎてしまったりします。
　そのようなとき、司会者のとなりに行ってひそひそとアドバイスをしてい
た時期があります。みんなの前で言われるのは恥ずかしいと感じるかもしれ
ないと子どもに配慮をしたつもりでした。しかし、それでは、司会団が代わ
る度に同じことを繰り返すことになります。
　そこで、「今、すごくいい迷い方をしているんだよなあ。みんなも自分の
ことだと思って聞いてね。」などと全体に声をかけてから、司会団に向けて
具体的なアドバイスをするようにすると、司会団が代わって、同じアドバイ
スをする機会が激減しました。

＊＊＊＊＊＊＊＊

　「全員司会」という合い言葉も有効です。話合いが停滞していたり、論点
がずれたりした場合に、「みなさんはここでどうしたらいいと思いますか。
全員司会だよ」と声をかけます。すると、司会団以外の子どもたちも、「今
の考えについてみんなに聞いてみたらいいんじゃない」などと司会団にアド
バイスをするようになり、子どもたちで話合いを進行する力が身に付いてい
きます。

19 話合いの3ステップを伝える

　45分はあっという間です。話合いを何となく進めると、考えを出し終えたところで残り時間がわずか、というようなことになってしまいます。

　45分の中に3ステップの区切りを設けることで、話合いが今どこまで進んでいるのかを自覚できるようにします。そして、最も重要な局面である「一点に集中して議論する場面」(23項参照) にたどりつけるようにします。

話合いのポイント

ステップ1　中立の視点から2案のよいところと課題を出し合う
ステップ2　「集中的に議論したいポイント」を見つける
ステップ3　一点集中の議論で結論を出す

① 話合いの3ステップ（82ページ〈プラス〉参照）を初めての話合いの前に伝えます。

思考でリフレクション！

45分を3つのステップに分けるよさは何でしょうか。

話合いが始まると、司会が「案を出してください」と呼びかけ、子どもたちは案を出していきます。それぞれの案には関連性はなく、時間が来ると「それでは多数決をします」といって、たくさんの案の中から一つが選ばれます――。

話合い活動が目指すのは、このように「案をたくさん出して最後は多数決で決めるもの」ではありません。子どもたちに体験させたいのは、一点で集中した議論です。

話合いを3つのステップに区切ることは、「結論を出す」という頂上に向かってどのように話合いを進めていくのかという見通しを子どもに持たせることであり、子どもたちが自分たちで話合いを行えるようにするための大きな手助けになります。また、ステップという区切りがあることで、今自分たちはどの段階にいるのかが分かり、今やるべきことは何かがはっきりするというよさもあります。

身体でリフレクション！

① あなたは、それぞれのステップで重要なことを適切なタイミングで伝えていますか。

ステップ① 中立の視点から2案のよいところと課題を出し合う（21項参照）

A案がよいと思っている子どもが、B案のよいところについても発言することがあります。そんなとき、私は「これがステップ①で大事なところだね。どちらの案がいいというのではなく、それぞれの案のよさをまん中に立って考えられましたね」と認めます。また、2案のよいところと課題がたくさん出されたときには、「これもステップ①で大事なところです。たくさんのよいところと課題が出ましたので、それだけ中身のしっかりした結論を生み出すことができると思います」と声をかけ、意見を多く出すことの大切さに気づかせます。

ステップ② 「集中的に議論したいポイント」を見つける（22項参照）

　提案理由をもとに案の持つ本質的な良さを引き出す発言が出たら、すかさずそれを取り上げて認めます。

　「みんなでゲームをやることで今よりもっと仲良くなりたいから」という提案理由をより所にして、A案（ケイドロ）とB案（リレー）の２つの案の最もよいところと最も大きな課題を選んでいたときです。

C：A案の「つかまった友だちを助けに行ける」というよさが一番だと思います。友だちを助けに行くというのは、提案理由の「今よりもっと仲良くなるため」をかなえられると思うからです

C：どうして友だちを助けに行くと、仲良くなれるのかもう少し詳しく教えてください

C：友だちを助けるために頑張るぞと思ったり、助けられる人は自分のために友だちが頑張ってくれていると思うから仲良くなれるんだと思います

T：今のやりとりはとてもよかったです。提案理由から案のよさを掘り下げていたよね。ステップ②の大事なところは、提案理由をかなえる一番のよさを引き出すことです

ステップ③ 一点集中の議論で結論を出す（23項参照）

　A案（ケイドロ）では「友だちが自分のために危険の中を来てくれると思うからうれしくて仲良くなる」が、B案（リレー）では「バトンを渡した友だちの全力を信じて応援するから仲良くなる」が、それぞれの案の本質的なよさとしてあげられ、子どもたちは、それぞれのよさについて、自分の体験をもとにして意見をぶつけ合わせていました。

　私は、その機を捉え、「ステップ③の大事なところは、一つのことをみんなで深く考えるところです。自分が経験したことをもとにした意見がたくさんぶつかり合っています。みんなたくさん考えています。そこがとてもいいです」と認め、実体験に裏付けられた意見の価値に気づかせました。

　さらに、「こうしたらどうだろう」「じゃあ、こうしてみたら」と双方のよいところをうまく重ね合わせようとする発言が出る瞬間に注目します。「ステップ③の大事なところは、一つのことをみんなで深く考えるところです。みんなでアイデアを足し算してどんどんふくらませていったところがとても

第5章　3ステップで話合いをする　81

よかったです」などと伝え、アイデアの類推を歓迎し、それを促していきます。

 話合いの3ステップ

ステップ① 中立の視点から2案のよいところと課題を出し合う
　議題に対して出されているA案とB案のそれぞれについて、よいところ（○）と課題（△：心配なところ、もっと詳しく考えた方がよいところ）をどちらの案からも中立的な視点で出し合います。

ステップ② 「集中的に議論したいポイント」を見つける
　出された○と△について、「提案理由に応えるにはどれが重要か」という視点から2案それぞれの一番の○と一番の△を考えていきます。そして「集中的に議論したいポイント」を次のどちらかに決めます。
（ア）A案とB案のどちらのよさを取るかを議論する
（イ）A案（またはB案）の課題が投げかける問いにどう答えるかを議論する

ステップ③ 一点集中の議論で結論を出す
　ステップ②で決まった「集中的に議論したいポイント」で議論し、結論を出します。

82

司会団の宣言で話合い活動を開始する

　教師は、司会団を横に見る教室の端に座ります。そして、司会団の子どもが話合いの初めと終わりを宣言します。教師は、終始子どもたちを見守り、必要なときに必要な支援をします。

　この位置に座るのは、話合いの時間は子どもが主役だということを示すためでもあります。話合いの始まりの言葉を司会団の子どもに宣言させることで、自分たちのことは、自分たちで話し合って決めていくのだということを実感させます。

話合いのポイント

① 授業開始から司会団が進行します。教師は、教室の端に座って見守ります。
② 司会団の子どもたちは次のことを行います。
　(1) 開会の宣言をする。
　(2) 議題、提案理由を説明する。
　(3) 話合いの目当てを話す。

第5章　3ステップで話合いをする

思考でリフレクション！

話合いの時間は子どもが主役だということを、どのように示したらよいのでしょうか。

言葉でいくら「自分たちのことは自分たちで話し合って決めていくのですよ」と言ったとしても、実際に教師が仕切っている時間が長ければ、子どもはその言葉どおりには受け取りません。話合いの時間が他の授業と違う始まり方をすれば、「今から子どもの時間が始まるのですよ」ということを形で示すことになります。形で示すのは強いメッセージになると考えています。

身体でリフレクション！

① あなたは、開会宣言と同時に、子どもに任せようと覚悟を決めていますか。
② あなたは、話合いの進行を見守りながら、事前にやっておくべきことが他になかったかふり返っていますか。
③ あなたは、介入したい気持ちを、次回の話合い活動での働きかけの工夫へと転換できていますか。

話合いの時間の主役は子どもたちです。子どもが開会を宣言したときに、私も「よし。子どもに任せる時間の始まりだ」と覚悟を決めています。これがないと、つい過剰な口出しをしてしまうのです。

話合いが始まるとすぐに、「前と同じことをやっているぞ」と口を出したくなることがあります。そこで実際に介入してしまうと、とたんに話合いの主役は教師になってしまいます。

語りたいことは、事前の準備で働きかけておくべきなのです。口を出したくなったときは、事前の働きかけが足らなかった自分の落ち度だと反省し、次の話合い活動でどのように働きかけようかと考えるようにしています。実際、話合い活動の最中に、教師が悪あがきのように発言するよりも、子どもたちが「この時間は自分たちの時間、自分たちで何とかしなければいけない時間」と実感していくことの方が、自立した話合い活動に大きく近づきます。

21 中立の視点から2案のよいところと課題を出し合う
話合いのステップ①

　話合いのステップ①では、絞り込んでおいた2つの案について、できるだけ中立の視点から、よいところ（○）と課題（△：心配なところ、もっと詳しく考えた方がよいところ）を出し合います。

　○と△は、それぞれの案に固有の内容のものがたくさん出されるようにします。すると、ステップ②で考える2案のそれぞれの本質的なよさと課題が見つけやすくなります。2案の違いがはっきりするほど、ステップ③で、より質の高い議論ができるようになります。

話合いのポイント

① 2案に対して中立の視点から、○と△を出させます。
② ○と△は、2案それぞれに固有のものになるようにさせます。
③ ○と△をできるだけたくさん出させます。

思考でリフレクション！

2案に中立的な視点から○と△を考えさせるよさは何でしょうか。

子どもたちはどうしても「A案に賛成です。〜がよいと思うからです」という言い方で○を出します。また、「B案に反対です。〜が心配だからです」と△を出します。

このような出し方をすると、○は賛成する案についてしか出ませんし、△は反対する案についてしか出てきません。しかし、賛成か反対かはさておき、中立の立場に立って○と△を考えるとすると、1人の子どもからAについての○も、Bについての○も出てくることになり、○と△の量は単純に倍になります。出された意見の量が多いほど、ステップ②でそれぞれの案の本質に近づける可能性が高くなります。

どちらかの案に賛成、あるいは反対という立場から話合いをスタートするのではなく、俯瞰的な視点から2案を捉えられるようにしたいのです。

身体でリフレクション！

① あなたは、○と△がその案に固有の内容になるようにアドバイスをしていますか。
② あなたは、○と△がたくさん出るように、少人数での話合い（25項参照）をさせるように司会団に促していますか。

子どもはよく、「A（ドッジボール）のよさは、楽しいところです」と発言します。しかし、Bのケイドロも楽しいところがあるので、「楽しい」というのはドッジボール固有のよさではありません。

A案、B案それぞれの固有のよさと課題（○と△）が出て、2案の違いがはっきりするから、どちらの○（△）を選択するのかという議論をすることができます。A案とB案のどちらにも当てはまるような○と△が出てきたときには、それぞれに固有のものになるようにアドバイスしています。

たとえば、「ドッジボールもケイドロも、人によっては楽しいですね。どちらにも当てはまることではなくて、その案にしかないよさを考えてみよう。ケイドロと比べてドッジボールにしかないよさは何だと思いますか」と問い

86

かけます。すると、「足の速さが関係ないところ」「ボールを当てると気持ちがいいところ」といったように案固有のよさや課題が見えてきて、それぞれの案への理解が広がっていきます。

*＊＊＊＊＊＊＊

「AとBについて、よさと課題を発表してください」と司会者が投げかけても、なかなか手が上がらず、時間ばかりが過ぎていくことがあります。しかし、手が上がらないからといって考えがないとは限らないのです。自分の考えに自信が持てず、発表をためらっている場合もあるからです。

そんなときは、「今から2分間、ペア（グループ）で話し合ってみてください」などと少人数での話合いを指示するよう司会者に促してみると、話が始まるのです。一人ひとりの話の内容まで把握することはできませんが、全員が話合いに参加していると考えると、とても価値のある時間です。実際、司会団にそのようすをよく観察させて、話合い後に、「2分経ちました。〇〇さん、どんな話が出ましたか」と指名するように促すと、話合いが活発になることが多いのです。

第5章　3ステップで話合いをする　87

「集中的に議論したいポイント」を見つける
話合いのステップ②

　ステップ②では、「集中的に議論したいポイント」を見つけます。話合いのクライマックスとなるステップ③に向けて、議論の焦点化を行います。

　ステップ②がうまくいくと、ステップ③の議論は濃密で実り多いものになりますが、支援の難しいステップでもあります。教師は、重要な発言に注目させたり、子どもたちの言葉を言い換えたりしながら、案の本質が見えてくるように支援します。

話合いのポイント

① ステップ①で出されたよさ（○）と課題（△）のそれぞれの一番のものを、「提案理由に応えるにはどれが重要か」という視点から考えます。
② 「集中的に議論したいポイント」を次のどちらかに決めます。
　（ア）A案とB案のどちらの○を取るかを議論する
　（イ）AまたはB案の△が投げかける問いにどう答えるかを議論する

思考でリフレクション！

「集中的に議論したいポイント」はどのようなものがよいのでしょうか。

「当番の仕事をみんなでしっかりやるためにすることを一つ決めよう」という議題で、**「仕事をしなかった人は帰りに残って教室を掃除する」（A案）、「仕事をしたかどうかが一目で分かる仕事確認ボードを作る」（B案）**の２つの案が出されたことがあります。

ここですぐに、「A案とB案のどちらがいいか意見を出してください」と話合いを始めてしまうと、子どもたちはお互いに支持する案のよいところばかりを主張し始め、議論はかみ合わなくなってしまいます。

A案とは何か、B案とは何かを捉えさせる必要があります。そこで、ステップ①でそれぞれの案についてたくさん出したよさと課題を材料にするのです。

A案は「罰の怖さによって仕事をしっかりやれるようにする」、B案は「見て分かる仕組みを作ることで仕事をしっかりやれるようにする」と言い換えることができます。つまり、「罰の怖さをとるか、見て分かる仕組みをとるか」を議論するのです。それぞれの案の本質を捉えられれば、論点のかみ合った質の高い議論ができるようになります。

身体でリフレクション！

① あなたは、「案の一番のよいところ（または課題）は何ですか」「どうしてそれがよいところ（課題）なのですか」「つまりどういう考え方なのでしょう」「一言で言うとどうなりますか」などの質問で、子どもたちに案の本質に気づかせていますか。
② あなたは、案の本質に迫る言葉への言い換えを手助けしていますか。
③ あなたは、提案理由をより所にした発言を取り上げて価値付けをしていますか。

「お楽しみ会で、みんなが司会の話を聞けるようになるためにすることを一つ決めよう」（提案理由：スムーズに会を進めてもっとみんなと仲良くな

れる楽しい時間を増やしたいから）という議題について、次の２案のよいところと課題を話し合ったときのことです。

A案：３回注意されたら、✕印の書かれたマスクを付けさせる
B案：『静かにしようね』カードを渡す

司会の子が、「Aの一番のよいところは何でしょうか」と問いかけたのに対して、ある子どもが「マスクだと思います」と答えました。「マスクの何がよいのですか」と司会が再びたずねると、その子どもは「マスクを付けたくないと思わせる力が強いから、スムーズに進める力も大きくなるところだと思います」と返答しました。

この発言は、議題の提案理由をより所としています。私はそこで介入し、「今のはよい意見の言い方です。『A案だとスムーズに進める力が強い』と提案理由とつなげていました」と発言を価値付けしました。

さらに、私が「つまり、マスクはどんな役目をするということですか」とA案の本質に迫る言葉への言い換えを促しました。すると、その子は「罰とかおしおき」と答えました。

一方、B案についても同様に一番のよさと、案の持つ本質に迫る言葉への言い換えを行い、最終的に、「集中的に議論したいポイント」は「効果が大きい罰の力をとるか、楽しい雰囲気を壊さない優しさをとるか」（ア：A案とB案のどちらの○を取るかを議論する）になりました。

＊＊＊＊＊＊＊＊

「授業中に手をあげる人を増やすために、みんなで取り組むことを一つ決めよう」（提案理由：お互いの考えをたくさん知って成長できる活気ある教室にしたいから）という議題について、次の２案で話合いをおこなったときのことです。

A案：手をあげたらおかわり券をもらえる
B案：合い言葉をつくってみんなで意識する

司会が「A案の一番の課題（△）は何でしょう」とクラスに聞くと、ある子どもが「そもそも、ご褒美のために手を挙げるのはいいのかということだと思う。提案理由にも『成長できる教室にするため』とあるから、ご褒美のために手を挙げるというのがずれていると思う」と発言しました。

最終的に、「ご褒美のために手を挙げるというのはありか」を、「集中的に議論したいポイント」にすることになりました（イ：課題が投げかける問いにどう答えるかを議論する）。

23 一点集中の議論で結論を出す
話合いのステップ③

　ステップ③は、話合い活動のハイライトです。この時間のために、ここまで準備を積み重ねてきたといっても過言ではありません。ステップ②で決めた「集中的に議論したいポイント」で、考えや価値観をぶつけ合ったり、類推してアイデアをつなげたりしながら結論を出します。

　ここで考えや価値観がたくさんぶつかるほどお互いの理解が深まります。類推思考の中からひらめきが生まれると集合知の力を実感します。そして、白熱した議論からは、結論への納得と、結論を実行しようというエネルギーが生まれます。

① ステップ②で決めた「集中的に議論したいポイント」で話し合います。
② 時間が来たら結論を出します。（26項参照）

思考でリフレクション！

どうしたら白熱した議論になるのでしょうか。

中立的な視点から、2つの案のよいところ（○）と課題（△）を出し合い、集中的に議論するポイントを中立的・客観的に考えてきたステップ①、②までとは違って、ステップ③の話合いでは、「自分はこう思う」「自分はこう考える」と、それぞれの主観を思う存分出し合います。

しかし、子どもたちが自分の気持ちを表すには、その場にある種の「熱」が必要です。

「絆を深めるためにみんなで取り組むことを一つ決めよう」という議題に対して、**「週に一度みんなで遊ぶ」（A案）、「マイナスの言葉をなくす」（B案）**の2案で話合いを行ったときのことです。

ステップ②で「集中して議論するポイント」は、「みんなで遊ぶことで本当に絆は深まるのか」（88ページ（イ））に決まっていました。しばらく、「みんなで遊べば絆は深まる」と、肯定的な意見が続いた後、一人が発言しました。

「深まらないと思います。だって今までも絆を深めるためにしたドッジボール大会で、絆を深めるぞと言っている人が悪口を言ったりしているので、嘘だと思っていました」

教室がしんとしました。だれもが自分を省みた瞬間だったように思います。この発言をきっかけに、議論は白熱していきました。どの発言も、「口先だけの絆は嘘だ」という発言を意識していると感じるものでした。

ステップ③だから白熱した議論ができるわけではありません。議論が白熱するためには、このような「本音」や「実体験に裏付けられた考え」が不可欠です。

身体でリフレクション！

① あなたは、子どもから「本音」や「実体験に裏付けられた考え」が出てくるように、意見の理由を詳しく話させたり、少人数で考えを交流しているときに発言への勇気づけをしたりしていますか。
② あなたは、議論が堂々めぐりになっていないか注意を払っていますか。
③ あなたは、子どもたちに類推思考を意識させていますか。

④ あなたは、議論の場に同調圧力を感じ取った場合に、少人数で話をする時間を取らせたり、違う角度から意見を求めさせたりしてガス抜きを図っていますか。

　「みんなが仲良くなるゲームを決めよう」という議題について、ドッジボールと鬼ごっこの2案で話し合ったことがあります。
　一人の女子児童がかたくなに反対し続けていました。司会者が困って「どうしてそんなにドッジボールがいやなのですか」と聞きました。少し間があった後、その子は「前にボールが顔に当たって怖かったからいやなの」とやや気色ばんで答えました。
　ここから教室の空気が変わりました。「ドッジボールの楽しさを知ってほしい。そのために、柔らかいボールを使おう」「よけ方を休み時間に教えよう」「本番ではみんなで囲んで守ってあげよう」などと次々と考えが出されました。
　結局、この子どもは「ドッジボールをやってみます」と言い、多数決をしないでドッジボールに決まったのです。本音が見えてくると、話合いはがらりと変わるのです。

****

　「アイデアをリレーしよう」と繰り返し伝えるようにしています。　「お楽しみ会でみんなが司会の話を聞けるようになるためにすることを一つ決めよう」という議題で行った話合いでは、「大きな声で呼びかけると結局うるさくなってしまうので、大きな声を出さないで呼びかけた方がいい」という発言が元になって、「遠くからだと聞こえないから、近くに行って声をかけたらいいと思う」「声を出さないことにしたらどうかな」「やさしくとんとんと肩をたたいて」「振り向いたらカードを渡したらいいと思います。静かにしようねって書いてあるやつ」「カードが2枚になったら、レッドカードで少しの間横で見学することにしたらいいと思う」というようにつぎつぎと意見の連鎖が起こりました。
　このような、前に出た意見から類推してアイデアがふくらんでいく「集合知によるひらめき体験」がみんなで話し合うことのよさを、子どもたちに実感させていきます。

****

「そもそも学級目標は必要かどうかを決めよう」という議題で話合いを行ったことがあります。私は、それを取り上げるべきか迷いましたが、話し合うことで学級目標があることのよさを再確認できるだろうと予想して、話合いの議題としました。

　話合いでは、発信者はシンプルな問いかけで理路整然とたたみかけていきました。

　「だって、学級目標を決めてから何カ月も経ったけれど、できていないじゃない。あっても意味のないものは、一度なくすべきです」「これだけ私が言っても発言しない人がいる。本当に外したくないなら発言するはずでしょう。しないということは、外してもいいということじゃないですか」

　何人かの子どもが目標の重要性やよさを語って反論を試みますが、熱量の違いで押されてしまうといったようすでした。すると徐々に、どちらなのかと迷っていた子どもたちが発信者側につき始めました。教室が発信者の出す迫力に気圧されているように感じました。最終的に、多数決で学級目標を外すことに決まりました。

　この話合いからしばらく経ったある日の日記にこんな文がありました。

　「本当に外してはいけないと思うなら発言するのではないかという意見がありました。私は、その時はまだ話合いに慣れていない頃だったと思います。慣れてきた頃なら、反論されても言い返せます。しかし、なかなか言えない人もいると思います。私は外さない側にいたということを書いておきます」

　物を言えない雰囲気に負けてしまったことへの悔しさが伝わってきました。私は、この日記を読んで、自由に意見を言える雰囲気を保つことの重要性を痛感しました。

　他にも、「あの子の意見に反対すると関係が悪くなるから反対しない」「ほとんどの人がAに賛成している感じだから、Bとは言わないことにしよう」といった気持ちになることがあります。このような気持ちでいるとしたら、その子どものする発言は自由なものとは言えません。

　この経験の後、話合いの場に同調圧力を感じたら、私は、少人数での話合いをさせたり、違う角度から意見を求めさせたりするなど、雰囲気を変えられるように司会者に助言をするようになりました。

24 全員が「自分も参加している」と感じる話合いにする

　「みんなで決めたみんなの結論だ」という納得感を得るには、全員が「自分も参加した」という実感を持つことが必要です。

　全員参加というと、どうしてもできるだけ多くの子どもに発言してほしいと思いがちです。しかし、それは現実的ではありません。考えを持っている子どもにも発表力のある子もいれば、手を挙げられない子もいます。なかなか自分の考えを持てない子もいます。いろいろな子どもがいることを前提に、全員が参加したと思える時間を作っていきます。

話合いのポイント

① 子どもの具体的な姿を価値付け、発言以外の参加の仕方があることを知らせます。
② 友だちの発言しているときには、何か質問したいことがないか考えながら聞くことを意識付け、思いついたらメモするように指導します。
③ 副司会が席表に発言回数をチェックし、たくさんの人が発言できるように指名します。

思考でリフレクション！

全員が「自分も参加している」と感じられる話合いにするために何が必要
でしょうか。

だれかが意見を言うと、「は？」「え？」と反応してしまう男子児童が２人
いました。あるとき、その２人に向かって、「その『は？』とか『え？』と
か言うの、やめてくれませんか。せっかく意見を出してもそう言われるとも
う言いたくなくなります」と面と向かって注意した子がいました。この発言
に同意する声が上がり、その場で「はえ撲滅キャンペーン」という言葉が生
まれ、直ちに開始されました。

ある日記には、「は？とか、え？とか言う人がいなければ何も恥ずかしく
ないから、みんなが手をいっぱい挙げると思います」と書かれていました。

日記を読み、私は、「自分の考えをいつでも発言できる」という安心感を
保証することが、全員参加の話合いにするための最も基本的な条件だと考え
るようになりました。

身体でリフレクション！

① あなたは、発言する以外でも、一生懸命に参加している子どもを認め
　ていますか。
② あなたは、子どもがメモした質問や気づきを見にいっていますか。
③ あなたは、意見を持っていそうな子を指名させていますか。

あるとき、発言する友だちをまっすぐに見て、うなずきながら聞いている
子を見つけました。その子は自分から手を挙げるような子ではありませんで
した。

「こういう参加の仕方もあるんだな」と納得し、「○○さんの今の聞き方は
いいです。話している友だちの言葉を聞き漏らさないようにじっと見て、う
なずいて聞いています。発言しなくてもこうやって一生懸命に聞いて、うな
ずくことで友だちの意見にパワーを送っているんだね。こうやってみんなで
決める結論には力があるよ」と話しました。

控えめな子どもたちがぐっと前のめりになった気がしました。自分の参加

の仕方が認められたことで、自信が生まれたのだと思います。私自身、みんなが「自分も参加している」と感じられる場作りのこつと手応えをつかんだ気がしました。以来、話合いで発言しなくても、一生懸命に聞いたり、力強く相づちをうったりすることも立派な参加の仕方なのだと意識的に伝えるようになりました。

＊＊＊＊＊＊＊＊

　そのほかにも、私は、子どもたちが話合い中に書いたメモを見て回って、発言をよく聞いていることが分かるものを認め、「発言してみよう」と勇気づけたりしています。メモをしているということは、考えながら聞くという高い参加意識の表れです。それを認めることは、そういう参加の仕方が得意な子の参加実感を高めるとともに、相手の意見としっかり向き合った意見を生み出す土壌を育てていることにもなります。

＊＊＊＊＊＊＊＊

　子どもはどうしても、声の大きい子、力強く手を挙げる子を指名しがちです。それを放置すると、声の大きい人の意見が通るのだという学習がなされてしまいます。
　手を上げた人をただ指名するのではなく、席表をチェックしながらまだ発言していない人も指名していくように副司会にアドバイスをしています。
　指名されても「考え中です」と言って考えを言わない子に、発言を強いる必要はありません。指名するのは、考えがあるのに手を挙げられない子どものためだと割り切ります。「考え中です」と言われたら、すぐに次の子を指名することで、話合いにテンポが生まれ、結果的に、発言が引き出される効果もあります。

25 少人数で話し合う時間を作る

　全体の前だと話しづらい子も、ペアや班の少人数になると生き生きと話すということがあります。そうした場をうまく活用します。

　発言が止まってしまう場面があります。「何か意見はありませんか」と投げかけを重ねても目立った効果はありません。そうしたときに、少し場の雰囲気を動かすという感覚で少人数での話合いを行ってみます。あるいは、話合いの場に同調を求める圧力が生まれてきたときに、ガスを抜くという感覚で少人数での話合いを行ってみます。

話合いのポイント

① 2分程度で行います。
② 意見が出ないときや同調圧力を感じたとき（23項参照）にやってみます。
③ 話合いのステップ③（23項参照）の初めにやってみます。
④ 少人数でも活発な話合いが期待できないときには、進行役を指名するなど、進め方の指示を出します。

思考でリフレクション！

少人数で話し合うことで話合いはどう変わるでしょうか。

　司会者が全体に意見を求めてもしんとしているのに、少人数での話合いを指示するととたんに話が始まるということがよくあります。少人数だと発言へのハードルが低くなるからです。少人数で話をすることで、自分の考えを全体に発表してみようという勇気を持つ子も出てきます。発表までいかなくても、話し合うことで考えが一歩先に進むという変化も起きているはずです。
　少人数で話し合うと、会話のテンポが上がって、類推思考によるアイデアのリレーが起きやすくなり、思わぬひらめきが生まれる可能性も高くなります。
　また、同調圧力が生まれてきたときに少人数での話合いを行うと、同時多発的に会話が始まることで雰囲気を変えることができます。

身体でリフレクション！

① あなたは、全体での発言に消極的な子どもが、少人数で話し合うときのようすに気を配っていますか。
② あなたは、発言を類推的につなげているグループを見つけて、全体の場で発言するように働きかけていますか。
③ あなたは、発言力のある子どもが他の意見を圧倒し始めたときや、無言の同調圧力を感じ始めたときに、少人数での話合いをするよう司会者に助言していますか。

　子どもの日記に次のように書いてあったことがありました。
　「手を挙げられなかったけれど、（少人数で）自分の意見を言えてなんだかすっきりしました。今度は積極的に手を挙げたいです」「私は本音を言えたと思うし、同じ班の人が伝えてくれました」
　少人数で話し合う時間は、全体の場での発言以外の参加の仕方を保証する重要な機会です。全体での発言をしないことと考えがないことはイコールではないのです。

時間で区切りを付ける

　話合いのステップ③（23項参照）の集中的な議論を経て、時間が来たら話合いに区切りを付けます。学級活動の年間時数は35（1年生は34）時間です。その枠の中でできるだけ多くの話合い活動をさせたいからです。
　時間で区切りを付けていると、子どもたちは話合いの時間の有限性を経験的に学んでいきます。そして、決まった時間内に終わらせるという意識が定着すると、短時間で濃密な話合いができるようになっていきます。

① 教師が4つの区切りの付け方（102ページ〈プラス〉参照）について説明します。
② 授業終了時刻の5分前を目安に区切りをつけます。
③ 子どもが話合いの状況にふさわしい区切りの付け方を選択できるようにします。

思考でリフレクション！

時間で区切るときに大切にすることは何でしょうか。

　子どもたちに任せていると、時間が来たと言って安易に多数決を取ろうとすることがあります。しかし、議論が尽くされていないのに多数決を取っても、それで決まった結論は「みんなが納得する結論」にはなりません。そうなると、決まったはずの結論が軽んじられたり、実行に移されなかったりということが起きてきます。

　議論が尽くされていないのであれば、その場で多数決を取るべきではありません。大切なのは、そのときの話合いの状況に合った区切りの付け方を選択できるようにサポートすることです。

身体でリフレクション！

① あなたは、区切りを付けるべきタイミングで、話合いの状況を子どもたちに考えさせていますか。
② あなたは、「全部やればいい」にストップをかけていますか。

　「お楽しみ会でするゲームを決めよう」という議題で、ドッジボールと鬼ごっこの２案が出され、話合いを行ったときです。話合いは平行線をたどり、なかなか結論が出せそうにありませんでした。

　そのとき、「もう、どっちもやったらいいんじゃない？」と発言した子どもがいました。子どもたちは「そうだ、お楽しみ会を２回やれば……！」と、その発言に飛びつきそうでしたが、私は「今考えるのは次のお楽しみ会のことです。１つに決めましょう」と言って、その流れを断ち切りました。

　ドッジボールにも鬼ごっこにもよいところがあって決められないから、お楽しみ会を２回開き、どちらもやろうという結論は、話合いを行うそもそもの意義を奪ってしまうものだと考えているからです。

　何かを選んで何かをあきらめるという経験も重要です。どちらがいいのかを真剣に考えることになるからです。その過程で起きる考え方のぶつかり合いの中で、さまざまな価値観があることに気づき、それを認め合うことができるようになると考えています。また、いずれ、子どもたちが向き合うこと

になる、さまざまな社会問題の多くが、どちらもやればいいという結論で収まるものではないからです。

4つの区切りの付け方

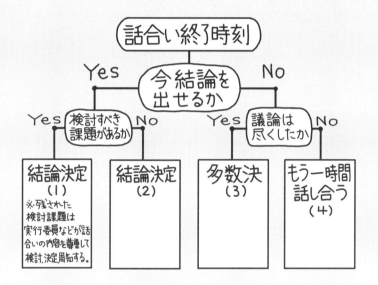

① 検討しなければいけないことをはっきりさせて、結論を出す。
　方向性はまとまっているが、中身をもう少し具体的に検討する必要があり、あとは実行委員などのグループに検討を任せるという場合
② 結論を出す。
　集中的に議論をする中で、方向性が一つにまとまっている場合
③ 多数決で結論を出す（27項参照）。
　議論が尽くされたが、依然として意見が分かれている場合
④ 改めて時間を取って議論を続ける。
　議論がまだ不十分で、改めて時間を取って話合いを続ける必要がある場合

27 多数決は手順を踏んで行う

　多数決には、はっきりと結果が分かるよさがあります。しかしそれだけにていねいに行わなければなりません。大前提は、「議論を尽くす」ことです。その上で、学級全体の了承を得て多数決を取る必要があります。

　ていねいに多数決の手順を踏むことで、結論が「みんなの結論」になります。

話合いのポイント

① 多数決で結論を出していいかを全員に確認します。
② 多数決を行います。
③ 司会団が結果を発表します。

第5章　3ステップで話合いをする　103

思考でリフレクション！

多数決を子どもたちにどう捉えさせるべきでしょうか。

多数決をした後、数の多かった案を支持していた子どもたちが「やったー！」と勝どきを上げる場面を何度も見てきました。「多数決＝数が多い方が勝ち」という捉え方をしている子どもが非常に多いのです。

話合いは、勝った負けたではありません。多数決の結果を「みんなで進む道が決まった」と捉えられるようにしたいのです。

子どもたちには、意見が対立したら即多数決を取るのではないと、何度も伝えます。意見の対立と多数決の間には十分な議論が不可欠であると教えます。そして、多数決を勝負と捉える雰囲気があるときには、「勝った負けたと喜んだり悲しんだりするということは、結論がみんなの結論になっていないことの表れです。意見をとことんぶつけ合って、もうどちらに決まってもよいというくらいまでになれたらいいですね」と伝えています。

身体でリフレクション！

① あなたは、初めての多数決のときに、正しい手順をやって見せていますか。
② あなたは、多数決の選択肢がはっきりするように支援していますか。
③ あなたは、多数決の結果への子どもの反応に気を配っていますか。

結論を出す時間が来たとき、司会者が「それでは多数決をします」と言って、いきなり採決に移ろうとするときがあります。すると、子どもは心の準備ができないままに急かされるように手を挙げることになり、結果が出ても、どこか釈然としない雰囲気が漂うことになります。今から決断のときを迎えるのだという心の区切りをしっかり付けることが大切です。

初めて多数決をするときは、教師が進行してみせ、「多数決で決めてもいいですか」「どちらに決まっても、全員で一つになって進んでいけますか」と全体に確認を取ります。もし、まだ納得できない、言いたいことがあるという子どもがいたら、それぞれの案について一人ずつ意見を言わせます。こうして多数決の前にしっかりと区切りをつけることで、その後の多数決がいよいよ結論を出すのだという特別な瞬間へと変わっていきます。そして、次

の機会からは、子どもたちが自分たちで多数決を取れるように任せていきます。

＊＊＊＊＊＊＊＊

「それでは多数決をします。○○がいい人は手を挙げてください」と、選択肢を示さず、多数決を取ろうとすることもあります。これは混乱を招きます。そんなときは、「それでは多数決をします。選択肢は2つです。1つは○○です。2つ目は△△です。どちらか一つに手を挙げてください。それでは、1つ目の○○がいい人は手を挙げてください」と、挙手を求める前に選択肢をしっかりと示すように指導します。

＊＊＊＊＊＊＊＊

残念ながら、多数決をした後になって、「えー、いやだ。それならやりたくない」といった不満が聞こえてくることもあります。
話合いの後にこんな声が届いたことがあります。
「先生、勝った方の人がこっちにどうだっていう顔をしてきました」
このような訴えにこそ、耳を傾けます。多数決の結果への子どもの納得度が分かるからです。多数決をした以上、その結論を差し戻すということはありません。しかし、今の多数決の仕方はよかったのか、多数決に至るまでのプロセスに問題はなかったか、私自身がふり返るようにしています。

多数決の取り方

① 選択肢を示す。
② 1つずつに挙手を求める。
③ すべての選択肢で挙手を数えて黒板に書き留める。

28 司会団が話合いを締めくくる

　話合いの開会と同じく、話合いの終わりも司会団が宣言します。ノート書記が、結論を「みんなの結論」として発表し、司会者が閉会を宣言することで、自分たちの学級の目標や課題、集会活動の計画を自分たちで話し合って決めたのだという実感を持つことができます。

　閉会を司会者が宣言することで、子どもたちの時間が子どもたち自身の手によって閉じられます。

話合いのポイント

① ノート書記が、今日の話合いで決まったことを全員に伝えます。
② 教師が今日の話合いについて一言話します。
③ 司会者が閉会を宣言します。

🔄 思考でリフレクション！

型どおりに話合いを終わらせることは、話合いにどんな効果を生むのでしょうか。

　結論が出たところで、早々に子どもたちから主導権を奪って「はい、結論が出ましたね。今日の話合いだけれども……」と、話合いへの感想を熱っぽく語っていたときがあります。そして、チャイムが鳴って「じゃあ、終わりにしましょう。休み時間にしてください」などと授業を終えてしまうと、せっかく子どもたちがよい議論をしていたとしても、教師がやらせていた時間という感じを残すことになってしまいます。

　たとえば、次のように型に則って宣言をするのがよいようです。

司会：今日の結論をノート書記さんに発表してもらいます。お願いします

ノート書記：はい。今日決まったことは、○○です

　（全員で拍手）

司会：先生から一言お願いします

　（教師からの一言）

司会：それでは、これで第○回、○○会議を終わります

　毎回決まった型を踏むことで、話合いに安定感が出てきます。話合いが子どもたちにとって日常のツールになるためには、「安定」は重要な要素です。そして、「今日は〜が決まったのだな」という結論への共通理解も、この「安定」した型によって促進されると感じています。

　また、型があるからこそ子どもたちは安心して話合いを締めくくることができます。子どもたちによって今日決まったことが発表されて、閉会が宣言されることで、話合いが子ども主体の時間であったということが確定されます。

 **身体でリフレクション！**

① あなたは、閉会のときに結論の実行をどう支援していくかについて、イメージを持てていますか。

　結論が出てから実行に移されるまでの時間が長くなると、決まったときには熱があってキラキラしていた結論がどんどん冷めてくすんでいくのだということを幾度となく感じてきました。

　話合いで出た結論をどのように子どもたちが実行していくだろうか、その具体的な姿はどんなだろうかと、閉会の時間には、おおよその見通しをつけています。そして、必要があれば話合い終了後すぐに、該当の子どもたちを呼んで次へのアクションを起こすこともあります。

　子ども自身が話合いを締めくくっているこの時間は、教師にとっては次への支援を始めようと身を乗り出すタイミングです。

第6章

教師の役割は何か

話合いの ベストタイミングを逃さない

　学級の課題が見つかってから時間が経ちすぎていたり、話合いで出した結論を実行する日がずいぶん先だったりすると、話合いの効果は半減します。

　話合いをすることで得られる気づきをどのタイミングで子どもたちに体験させるのがベストかという視点が必要です。ベストなタイミングで話合いをさせることで、子どもたち自身が話合いの力をより強く実感することができます。

話合いの ポイント

① いつ、どんなタイミングで話し合わせるのがベストかを考え、日程を決めます。

 **思考でリフレクション！**

> その話合いを他の時間に行ったらどうなっていたでしょうか。

　話合いのことだけを考えて予定を決められるわけではありません。しかし、学級活動は○曜日の○時間目だからと、いつでもその時間に話し合うというのではもったいないと思います。話合いの中で子どもたちに向き合わせたいことは何なのかを考えると、そのためのベストタイミングがいつなのかが自ずと見えてきます。話合いの後にも「今回の話合いのタイミングはベストだっただろうか」と省みることで、よりよいタイミングを計れるようになってくると思います。

 身体でリフレクション！

> ① あなたは話合いの内容に関連しそうな行事を考慮に入れて話し合うタイミングを決めていますか。
> ② あなたは次の話合いで子どもたちに向き合わせたいことを見つけていますか。

　６年生の学級を担任した年、「掃除の割り当て方を決めよう」という議題について、次の２案で話し合うことになりました。
　A案：掃除の担当箇所を一人ひとりにはっきり割り当てる
　B案：班毎に場所を割り当てる
　私は「個々の責任を明確にすることがいいのか、チームとして協力して掃除を行うのがいいのか」という点で意見のぶつかり合いを期待したいと思っていました。
　毎日の掃除のことですから、すぐにでも話合いをしたいところでした。しかし、３日後には運動会が迫っていました。
　運動会では、子どもたちは組み体操を演じることになっていました。組み体操は、一人ひとりの責任感も互いの協力も、どちらも求められる競技です。ですから、子どもたちはこの２つについて、運動会で自分なりの実感を持つはずだと考えました。私は、話合いを運動会の翌日に行うことに決めました。
　運動会や学習発表会などの大きな行事は、子どもたちが課題を実体験する

またとない機会です。その行事を話合いと関連づけない手はありません。

＊＊＊＊＊＊＊＊

　子どもたちに向き合ってほしい課題を教師自身が見つけていると、話合いをベストタイミングで行える可能性が高くなります。たとえば、「友だち関係が固定化してきているな。友だちとの関わり方について話し合わせるチャンスがこないだろうか」という思いが頭にあると、掲示板（4章07項参照）に関連性のある「話し合いたいこと」が貼り出されたときに、その議題化に向けた支援をすぐにすることができます。

 日程を決めるときに考慮すべきこと

① **行事の前か、後か**
　行事の前に目標を立てるべきか、それとも行事の後に、次に生かしたいことを話し合わせるかなど。

② **週の初めか、中ごろか、終わりか**
　月曜日の1時間目は週末気分を引きずっている。金曜日の6時間目では疲れている。また校外学習や、他の学習との兼ね合いも考えながら、子どもたちが話合いに集中できる時間を見つけるなど。

③ **午前中か、午後か。長い休み時間の前か、後か**
　午後は眠くなる。ゲームのルールを話し合うなら長い休み時間に友だちと関わった後の方がいいかもしれないなど。

30 話合いで使う道具を準備する

　黒板係の板書に時間がかかって進行が止まってしまったり、司会者がいつも同じ場面で困ってしまって教師が助け船を出したり、副司会がだれを何回指名したか分からなくなってしまったりということはよくあります。

　よくあるトラブルの中には、道具を準備することで未然に防ぐことができるものがあります。話合いをスムーズに進める効果の大きい道具をご紹介します。

話合いのポイント

① タイマー
分単位の設定が簡単にできる物がよい。主に、少人数で話し合う時間を計るときに使用します。

② 「話合い進行の手引き」
司会団に渡します。話合いの初めから終わりまでの流れと、３つのステップごとの進行の仕方、多数決のやり方などを書いておきます。

③ 短冊
B4用紙を縦に半分にしたもの。１枚に１つの意見を書いて黒板に貼ります。黒板にチョークで書くよりも時間がかかりません。ラミネートしたものにホワイトボードマーカーで書くと、さらに短時間で字を書けるので便利です。

④ 赤マグネット
赤色の大きめのマグネットをクラス人数分程度用意します。賛成意見の数を示すなどして情報を読み取りやすくします。

⑤ タイトル札
「○○会議」「議題」「提案理由」「集中的に議論するポイント」など、話合いの度に黒板に貼れる札として準備します。

⑥ 座席表
副司会が、発言した友だちをチェックするのに使います。

⑦ ミニホワイトボード（各自）
話合いの最中に疑問に思ったことをメモしたり、少人数での話合いで発言を書き留めるのに使ったりします。

第６章　教師の役割は何か　113

 **思考でリフレクション！**

話合いの度にくり返し行っていることはないでしょうか。

　話合いの度にくり返される場面には、道具を準備することによって時間を短縮できる可能性が隠れています。その度に教師が手を貸すのではなく、教師が道具を準備し、それを子どもたちに使わせることで、議論以外の無駄な時間を少なくしていきます。
　子どもたちが自分でできることはないかという視点で話合いを観察していると、気づくことが多いです。

 身体でリフレクション！

① あなたは、話合いの度にくり返される場面をメモしていますか。
② あなたは、「話合い進行の手引き」を見直していますか。

　３年生を担任していたとき、「ハッピー会議」という名前で話合い活動を行っていました。話合い前の休み時間には、毎回、司会団の子どもたちが黒板の準備をします。まず「ハッピー会議」という文字を書き始めるのですが、とても丁寧に書くのであっという間に休み時間が過ぎてしまい、肝心な提案理由を書いている最中に始業のチャイムが鳴り、話合いの開始時刻がずれ込むということがよくありました。
　そこで、「ハッピー会議」「議題」「提案理由」という札を作って、時間短縮を図りました。ほんの数分ですが、話合いの前にこれからの話合いについて話す貴重な時間が生み出されることになりました。
　黒板書記が発言を黒板に書いているのを待つ時間がずいぶんあることにも気づきました。これも、机の上で紙に書いて黒板に貼る方が明らかに速いのです。ラミネートした短冊だとホワイトボードマーカーでさらに速く書けます。短冊を使うようになると、意見が出るリズムを止めることが少なくなり、話合いの内容もより深まるようになったと感じています。
　進行の手引も、話合いのようすを観察しながら随時手を入れています。たとえば、司会者が少人数での話合いを指示するときに、話合い時間を言わないことが続いたので、時間とタイマー使用の１文を追記しました。

31 座席の配置を工夫する

　お互いの顔が見えるように座らせたいと思っています。円に近い形で互いの顔が見えると、その場をみんなで等しく作っていると感じるようで、話合いへの参加意識が高まるからです。とはいえ、学級の人数が多く、座席の移動が困難な場合もあります。座席移動がハードルになって、話合い自体が行われにくくなるのでは本末転倒です。座席配置のパターンをいくつか紹介します。

話合いのポイント

話合いへの参加意識が高まりやすい座席配置

① U字形

② V字形

お互いの顔が見えて、その場をみんなで作っている意識を持ちやすい。

黒板の中心に向けて机を斜めにする。U字を一列で作れないとき、机を動かす時間がないときにも使える。

第6章　教師の役割は何か

思考でリフレクション！

座席の配置は話合いにどのような影響を与えるでしょうか。

あるとき、教室を2分割して互いに向かい合う座席の配置で話合いを行ったことがあります。不思議なことに、向かい合う集団同士に対立傾向が見られました。配置の影響は少なからずあるのだと実感しました。

机をなくして椅子だけで話合いを行ったこともあります。参加意識が強くなったように感じました。机は一つの心理的なバリアなのかもしれません。しかし、ふり返りノートで、「ちょっと落ち着かなかった」という声があったのと、机を移動する手間の多さから、現在は机がある状態で話合いを行っています。空き教室などで、気軽に椅子だけでU字を作れるのであれば試してみる価値があると思います。

スクール形式のマイナス点は、参加者が司会団と一人で向き合っているように感じることです。司会団の進行がよくなかったりすると、参加者側のイライラが一つになって、司会団と参加者の間に対立する雰囲気が生まれたこともあります。

あるとき、ほんの少し席を斜めにしました（V字形）。視野に他の子の顔が見えるようにしたいと考えたのです。話合いの雰囲気が和やかになり、発言も自然と全体に向かってされるようになったと感じています。

身体でリフレクション！

① あなたは、話合いを行うときの座席配置は必ずU字にしなければいけないという固定観念にとらわれていないでしょうか。
② あなたは、手遊びをしている子がいたら、その席の場所と向きに注意を向けていますか。

2列でU字の座席を作ったときのことです。後列の子どもたちに手遊びが多いことに気づきました。司会と自分との間に友だちがいることで、参加意識が低下するのではないかと思います。

そもそも、U字型に机を移動するのは時間がかかります。

「U字を作ってから休んでください」と指示してから休み時間に入ってい

たことがあります。当然、休み時間が短くなります。すると、話合いの初めの雰囲気が落ち着かなかったり、沈んでしまったりすることがありました。

　教室の人数が多く席の移動が大変なときは、Ｖ字形をおすすめします。ただ、司会団から遠く、教室の端に座っている子どもに手遊びが多い傾向があります。席の位置によって話合いへの参加意識が低くなっているようすが見られたら、少人数での話合い（5章25項参照）をさせたり、近づいていってさりげなく声をかけたりします。

　席の配列や、それぞれの席の位置さえよければ、話合いへの参加意識が必ず上がるというわけではありません。子どもたちの参加意識を把握して、必要な働きかけをしていこうと意識しています。

3つの視点で子どもを見守る・介入する

　話合いの本時を迎えたとき、教師の仕事の大部分は終わっており、あとは子どもたちに委ねようという心境でいたいものです。しかし、ただ黙って見ていればいいというわけではありません。介入して指導することが必要な場面があります。迷いが出るのは、そのタイミングと力加減です。次の3つの視点を意識することをおすすめします。

話合いのポイント

① 話合いの内容が自治範囲を超えていないか。
② 分かりづらい発言や、論点のずれた発言で話合いが混乱していないか。
③ 定着させたいモデルとなる行動はないか。

思考でリフレクション！

話合いの最中、教師はどのような心構えでいたらよいのでしょうか。

「話合いの本時では、できるだけ口を出さずに見守るんだよ」と教えられて、「見守ろう」と心に決めてはみたものの、「これでいいのだろうか」とずっと落ち着かない時間を過ごしたことが何度もあります。
「ここで介入すべきではないだろうか」「いや、せっかく子どもが積極的に発言をしている流れを止めないほうがいいかもしれない」というように、適切な指導と自主性の尊重との板挟みになっていました。

介入のポイントは、話合い指導の経験を重ねながらつかんでいきます。介入の明確なポイントをつかむことができれば、あとは子どもに委ねようと落ち着いて見守ることができます。

身体でリフレクション！

① あなたは話合いが始まる前に話合いの展開を予想していますか。
② あなたは話合いの後に、３つの視点から自分の指導をふり返っていますか。

「視れども見えず」ということわざがあります。本来、介入するべき場面なのに、それに気づかないことがあるのです。たとえ、気づいたとしても、話合いが目の前で進んでいる中で「介入をする／しない」を、瞬時に的確に判断をするのは容易ではありません。

私自身、介入の機を逸したことは何度もあります。勇気を出して発言した意見がやり込められて、うつむいて黙ってしまった子どもがいました。そのときは、発言直後にその勇気を認めればよかったと後悔しました。話合いの自治範囲を超えた発言（33項参照）が出てもすぐに止めなかったために、結局考え直しをさせることになり、話合いがしぼんでしまったこともありました。進行が混乱してもすぐに助けることができずに司会者が泣き出してしまったこともありました。

そこで役に立つのが事前の予想です。「今日の話合いでは、あの子がこんな意見を言うかもしれない」「今日はこんな結論が出るかもしれない。とす

第６章　教師の役割は何か　119

れば、それは物足りない結果になるが、見守ろう」「予想どおりの結論になったら、それを実行させた後に、ふり返りを速やかにやろう」などと考えておくだけで、目の前の話合いに必要以上に振り回されず、介入のポイントを外すことも少なくなります。

＊＊＊＊＊＊＊

　「あのときどうすればよかったのか」と、終わった話合いを反芻している中で次の一手を考えてきました。「介入した方がよかったのはどこだったのか」「介入しない方がよかったのはどこだったのか」、３つの視点で話合いを見守り、介入し、またふり返ることを繰り返しながら、少しずつ見えることが増えてくると思います。

33 話合いが自治範囲を超えたとき
介入すべきポイント①

　何を決めてもよいという話合いはありません。結論は、話合いの参加者が責任を持てるものでなくてはいけません。それは子どもたちの話合い活動でも同じです。

　子どもに任せられる範囲を自治範囲と呼びます。学習指導要領には、学校として「児童に任せることができない条件を明確にして指導する」問題（4章11項57ページ〈プラス〉参照）として例示されています。

　まず、話合いの前に、提示できる自治範囲を明らかにしておきます。その上で、話合いの中で自治範囲を超える発言が出た際には、その場でブレーキをかけます。

話合いのポイント

第6章　教師の役割は何か

思考でリフレクション！

　自治範囲は子どもの話合いを制約する檻なのでしょうか。

　そもそも「自治範囲」という言葉を知らず、自分の大人としての常識だけを頼りに子どもたちの話合いに介入していたときがありました。子どもの話合いに大人一人が参加していたようなものです。感覚的に違うと感じたときに、「それはおかしいんじゃない？」と介入していました。今考えると、子どもたちは相当窮屈だったろうと思います。「一体自分たちはどこまで自由に考えていいのだろう？」と言葉にならない居心地の悪さを感じていたのではないかと思います。

　「子どもには任せられないこと」が明確だということは、その手前までは自由が保証されているということです。自治範囲が曖昧だと、結論が出た後に、やっぱりだめだと決定を覆すようなことが起きます。それでは子どもたちを失望させるだけでなく、「話合いで結論を出しても、結局は教師のいいように曲げられるものだ」ということを、実体験で学ばせるのと同じです。話合い活動が子どもたちのものではなくなってしまいます。

　自治範囲は、子どもの自由を保障し、話合いを子どもたちのものにするために不可欠なものなのです。

身体でリフレクション！

① あなたは話合いが始まる前に、自治範囲を超える発言を具体的に予想していますか。
② あなたは、自治範囲を超えた発言をした子どもにどのように声をかけていますか。

　1年生で、お楽しみ会でやることを決める話合いをしたときのことです。ある子が「みんなで公園でお弁当を食べたいな」と発言しました。私は現実的ではないと思いながらも、その発言のかわいらしさにそのままにしてしまいました。すると、発言がどんどんつながっていきました。

　「賛成。お弁当はみんなで円くなって食べたらいいんじゃない」「お弁当食べ終わったらみんなで鬼ごっこしようよ」

子どもたちが、公園でお弁当を食べるという考えを大きくふくらませたところで、「学校の外に出ることはできないなあ。給食もあるからお弁当も難しいです」とストップをかけることになりました。そのときの子どもたちの落胆ぶりは忘れられません。話合いを始める前に条件を明示しておくべきでしたが、ストップをかけるのも遅すぎました。自治範囲を超えたらすぐにストップをかけなくてはいけないのだと学びました。

　しかし、指導要領の学校として「児童に任せることができない条件を明確にして指導する」問題（4章11項57ページ〈プラス〉参照）を覚えているというだけでは、その場で適切な介入をすることは難しいと思います。話合いが始まる前に、どんな発言が出そうかを具体的な子どもの言葉として予想しておくようにしています。

＊＊＊＊＊＊＊＊

　自治範囲を超える発言をした子どもに対して、「それは違うでしょう」と子どもの発言を面と向かって否定していた時期がありました。しかし、そうすると、子どもは発言すること自体を躊躇するようになってしまいます。個人に向けて話すというより、全体に向けて「この領域は君たちが決められる領域ではないんだよ」と知らせる機会として扱うようにしています。あなたの発言は間違っているというスタンスではなく、「いいことに気づかせてくれた。みんなにとっていい機会をありがとう」というスタンスで話をしています。

第6章　教師の役割は何か　123

34 子どもの発言を通訳したり交通整理したりするとき
介入すべきポイント②

　「ああ、この子は本当はこういうことが言いたいんだろうな」と感じる場面があります。とてもよい発言にも関わらず、本意が伝わらないために素どおりされてしまうのです。そういうときは教師が介入し、子どもの発言を通訳します。また、子ども同士の意見がすれ違っていたり、論点がずれていたりして議論がかみ合わないまま時間が過ぎていくような場面もあります。時間をかけたいのは、一点で意見をぶつけ合ったり、意見をつなげる中からひらめきを生み出したりするところです。すれ違いや論点のズレは教師がすぐに気づかせ、交通整理をします。

話合いのポイント

① 発言者の意図が伝わっていないときは、それを子どもたちに通訳します。
② 論点のズレに気づかせ、修正します。

思考でリフレクション！

通訳や交通整理をするときは何を頼りにすればよいのでしょうか。

発言の中身が伝わっていないな、議論が本題からずれているなというのは分かっても、どのように声をかけたらいいのか迷ううちに、話合いがどんどん進んでしまうという場面を何度も経験してきました。

通訳をするときは、その子どもの普段のようすが頼りになります。特に言葉で自分の思いを伝えるのが苦手な子どもの発言には耳をすまします。普段のようすから、「きっとこういうことを言いたいはずだ」と推測し、言葉を加えたり、言い換えたりして、発言の真意が伝わるようにしています。

交通整理では、何を決める話合いなのか（議題）、何のために話し合っているのか（提案理由）、論点は何か（集中的に議論するポイント）、この３つの観点で発言を聞き、ずれていたら気づかせて軌道を修正することが大切です。

たとえば、係の仕事をしない人をなくすにはどうしたらよいかという話合いで、「仕事をしないことは悪いことだ」という意見を出す子どもがいます。こうしたずれをそのままにしておくと、どんどんずれ幅が大きくなって、一体何を話し合っているのかが分からなくなってしまいます。「今、考えたいのは、仕事をしないことがいいか悪いかではなく、どうしたらみんなで仕事をできるようになるか、ですね」と交通整理します。

身体でリフレクション！

① あなたは、発言の一つひとつの真意が全体に伝わっているかどうかを気にしていますか。

たどたどしい発言でも、実は話合いの結論を左右するような本質的なものがあります。ただ、本質を突いていることに発言者自身が気づいているとは限りません。そうした発言に注目できるかどうかは、まさに話合いの成否を分けます。案の持つ本質的な価値に触れる発言には特に注意を払い、全体に伝わっていないと感じたら、「○○くんが言いたいのは、こういうことかな」と言い換えて、発言者の真意を言語化するようにしています。

＊＊＊＊＊＊＊＊

ある話合いの後に書かれた日記です。
「なぜこの意見を言わなかったかというと、話題があっちへ行ったり、こっちへ行ったりと、すぐに変わってしまって言いづらくなってしまうからです。もっと、ちゃんと決めてから話題を移し替えてもらいたいです。だから時間が長引いたりするのだと思います」
　発言量は多いけれども、議論がどんどんと流れていってしまうような話合いになっていないか。みんなが発言をじっくり聞いてじっくり考えているかどうか。もっと一つ一つの言葉を大切に扱う場を作らないといけないと感じました。
　私は、子どもの発言の真意を読み取ろうという姿勢で聞くようにしました。すると、論点がずれたり、言いたいことが伝わっていないときに、それにすぐ気づき、即座に介入することができるようになっていきました。そして、話合いの中身には口を出さず、子どもが考えやすいように「話合いの流れを整えること」に専念し、介入に迷うことも少なくなっていったのです。

35 定着させたい行動を価値付けするとき
介入すべきポイント③

　発言者に体を向けて真剣に聞く姿、友だちの意見を受け止めてから自分の意見を話す姿、今考えてほしいことをはっきり伝えている姿など、子どもたちに定着させたいと思っている行動を見つけたら、その場で取り上げて全体で認めます。その場で認められることで当人の行動が強化されるとともに、周りの子どもたちはよいモデルとして真似をするようになります。そうやってじわじわと好ましい行動の定着を図っていきます。

① 話合いの最中に、129ページ〈プラス〉のような行動を見つけたら、その場で取り上げて認めます。

思考でリフレクション！

その場で介入して定着させたい行動を認めると、話合いにどのように生きてくるのでしょうか。

　意見が熱くぶつかり合った話合いがありました。私は「今日はとても良い話合いだな」と思いながら、黙ってそれを見ていたのですが、ふり返りノートに次のような言葉を見つけて驚きました。
　「今日の話合いはもめた」「今日の話合いはけんかのようでした」
　伝えなければ、子どもたちはどんな話合いがよいのか分からないのです。以来、意見がぶつかり合い、話合いが白熱したら、それが「よい話合い」であると言葉にして伝えるようになりました。子どもたちが自らの話合いに自信を持ってこそ、主体的に話し合えるようになるのだと考えています。

身体でリフレクション！

① あなたは、褒めるべき子どもの姿を具体的にイメージしていますか。
② あなたは、短く端的に認めていますか。
③ あなたは、意見の中身については口を出していないことを強調していますか。

　話合いの後に、本人に「あの発言、よかったよ」などと伝えていた時期があります。あるとき、褒めた子の隣にいた友だちが「私も次やろうっと」と褒められた子と同じくうれしそうに反応しました。「そうか」と思いました。子どもたちは、どうするのがいいのかを知りたがっているのです。
　それならば、その場ですぐに褒めてみようと思いました。効果は予想以上でした。
　うなずきながら聞いている子を見つけたら、すかさず「今、○○さん、うなずきながら聞いていました。真剣に聞いている証拠です。真剣に聞く人がたくさんいる話合いからは、いいものが生まれます」などと褒めます。また、友だちの意見を聞いて考えが変わった子どもも認めています。話合いの途中で考えを変えることはよくないと思っている子どもに、そうではないことを伝えるためです。

アイデアが連鎖する起点となる発言をした子どもや、類推してアイデアをつなげた子どもは、みんなで拍手するくらいに大きく取り上げています。話合いでアイデアを連鎖させると、ひらめきが生まれやすくなることを、子どもたちに体験させたいからです。

　話合い活動の指導を始めたばかりなら、「定着させたい行動」のイメージをはっきりと持てないかもしれません。まずは、話合いを注意深く見守りながら、これだと思ったら褒めてみることです。

　ただし、だらだらと褒めていると話合いにテンポがなくなってしまいます。「いまの発表の仕方、すごくいいね。○○さんの意見のよさを受け止めてからつなげていたよね。すごくいいです」という程度です。何がどうよかったのかが伝われば十分です。

　また、発言の仕方を褒めたのに、発言の中身を褒められたのだと勘違いし、その後、子どもたちの意見が偏ってしまったことがありました。「中身がいいとか悪いと言っているのではないよ。発言の仕方がとてもよかったのです」と念を押しています。

定着させたい子どもの行動

話を聞くとき
- 発言者の方に体を向けて真剣に聞いている
- うなずいている
- 発言を聞いて、思いついたことを素早くメモしている

発言をするとき
- 理由をはっきり話した
- 友だちの意見を受け止めてから自分の意見を話した
- 「こういうのはどうだろう？」とアイデアが連鎖する起点となる発言をした
- 「それならこんなのはどう？」と類推してアイデアをつなげた

司会団で進行するとき
- 意見を要約して全体の場に返している（司会）
- 今考えてほしいことをはっきり伝えている（司会）
- できるだけ多くの人から意見を聞こうとしている（副司会）
- 時間を意識して進行を促している（副司会）
- 発言内容を端的に黒板に書いている（黒板書記）

第6章　教師の役割は何か

36 してはいけない介入

　もっとも避けなければいけないのは、結論を左右するような介入です。決まろうとしている結論が教師の考えにそぐわないからと、介入して変えさせるような働きかけをしたらどうなるでしょうか。話合いは教師が「よし」と言う結論を出す場になってしまいます。

　話合いは、子どもたちが意見をぶつけ合い、分かり合い、自分たちが納得する結論を共有する場です。教師からすれば未熟な議論であっても、ごく当たり前の結論が出されたとしても、それが今の子どもたちの結論なのです。大人から見てよいと思うような結論を出すことが目的ではないのです。

話合いのポイント

① 決め方には口を出しますが、決める内容には口を出しません。

思考でリフレクション！

　子どもたちの出そうとしている結論が、教師から見て首をひねるようなものになりそうなときはどうしたらよいのでしょうか。

　「ドッジボールのうまい人だけ楽しんでいる」という日頃の不満から、ドッジボールのルールを決める話合いをしたときのことです。
　Ａ案：みんなが投げられるようなルールを作る
　Ｂ案：強い人だけ楽しむんじゃないよと声をかける
の２案で話し合われました。結論はＢ案でした。
　「Ｂ案で本当にいいの？　今までだって、そういう声は出ていたよね。でも変わらなかったから話合いをしたわけでしょう。もう少しＡ案について考えてみたらどうかな」
　話合いの指導を始めたばかりの私なら、こんな介入をしていたと思います。
　しかし、この話合いの後、ドッジボールは変わりました。まず、自分だけ取って投げるという子が減りました。たとえ、だれかがボールを独り占めしようとしても、「自分だけ楽しむんじゃないよ」と声がかかるのです。
　これが、話し合うことの力なのだと思いました。集団決定したことで「自分だけ楽しむんじゃないよ」という言葉は、以前とは違う力を持つことになったのです。
　大人からみて、その結論でいいのだろうか？　と疑問符が付くような結論でも、それが子どもたちの集団決定ならば、最大限尊重しようと改めて思うようになった話合いです。
　そして、結論に疑問を感じたのであれば、その結論をどう実行させ、どうふり返らせるかを考えることこそ、教師のするべき仕事だと考えるようになりました。

第６章　教師の役割は何か　　131

身体でリフレクション！

① あなたは、子どもたちの出した結論の内容に、言葉や表情、仕草で ジャッジをしていませんか。
② あなたは、自分がイライラしている場面を客観的に捉えることができて いますか。

　話合いを始めたばかりのころは、子どもたちは話し合いながらも教師の様子をうかがっています。あるとき、私は指で机を小刻みにたたいていました。「ポスターを作る」という結論が出されようとしているときに、「せっかく話し合ったのに、また同じことを結論にしようとしている。これでいいのだろうか」といらだっていたのです。

　すると、私を見ていた子が、「やっぱり、ポスターじゃない方がいいと思う」と発言しました。「しまった」と思いました。私は、その態度によって、子どもたちの話合いをねじ曲げてしまったのです。それからはどんな結論であっても、軽くほほえんで見守ろうと決意しました。

＊＊＊＊＊＊＊＊

　指名されてのろのろと立ち上がり、ぼそっとひと言「考え中です」と答える子ども、発言を聞かず落書きをしている子ども、発言の内容を受け止めずに次々と指名していく進行……。その子どもなりの理由があるのだと頭で分かっていても、どうしてもイライラしてしまう場面があります。

　しかし、そんなとき「ああ、自分はここでイライラするんだな」と、それを客観的に捉えられると、その場で刹那的な介入をして、話合いを壊してしまうことがなくなります。そして、どうしたら「考え中」を「言いたい」に変えられるのだろうか、どうしたら「落書き」を「質問したいことのメモ」に変えられるのだろうかと、次の一手を考えることができるようになります。

37 結論を実行に移せるように支援する

　とてもよい結論が出たのに、行動に移されないということがあります。何をやるのか、だれがやるのか、いつやるのかといった、結論を実行に移すための具体案がないために、何となく時間が過ぎてしまうからです。

　実行のない結論は、イソップ物語の「ネズミの相談」のようなものです。実行して、その実体験をもとにふり返ってこそ、話合い活動は子どもたちに本物の力を与えます。子どもたちが具体的に行動することができるように、結論が出たらすぐに実行への道筋をつける支援を始めます。

話合いのポイント

① 話合いの結論が実行される時間と場所を確保します。
② 結論が出たら、実行の中心となる子どもたちを速やかに集め、何をやるのか、だれがやるのか、いつやるのか、必要なものは何かを話し合います。
③ 実行の中心になる子どもたちに実行プランを全体に投げかけさせます。

思考でリフレクション！

結論を実行に移す支援をするときに、最も重要なことは何でしょうか。

例えば、お楽しみ会で行うゲームのルールを決めたのに、お楽しみ会の日程が決まらないまま日にちが経ってしまうというようなことがあると、みんなで決めた結論の輝きがあっという間にくすんでしまいます。話合いの結論には賞味期限があるのです。

すぐに実行に移すと、その活動の中で話合いについても、自然とふり返りが行われます。話合いで決めたことが実際はなかなか難しいと感じたり、話合いでは想定できなかった事態が発生したりして、話合いで考えなければならないことの多さに気づきます。こうしたことも大きな学びになるのです。

結論が出てから「さて、どうやって実行させていこうか」と教師が考え始めていては、結論の賞味期限は過ぎてしまいます。議題ができたときから、実行支援の具体的なイメージを描き始めるようにしています。

身体でリフレクション！

① あなたは、結論を実行に移すため、速やかに必要な時間と場所を確保していますか。

② あなたは、結論が出てすぐに実行への一歩を子どもたちと話し合っていますか。

「先生、いつやるんですか？」「ごめんね。もうちょっと待ってて」と言っているうちに徐々に結論が出たときのエネルギーが失われていくのを感じたことがあります。実行日が決まると、実行へのエネルギーはふくらんでいきます。実行までの準備にある程度の期間が必要な場合は、その時間も考慮して実行日を決めます。

お楽しみ会の日程などを決める場合には、話合いの前にあらかじめ実行日を確保しておくようにしています。高学年なら、話合いの条件として時間と場所を提示すると、より具体的な話合いができます。低学年では、結論が出た次の日の朝に「早速場所を確保しましたよ。２週間後の２時間目です！あと２週間、いい準備をしてね」などと意欲を高めるように発表すると、実

行への弾みがつきます。

　夏休みの少し前に、クラスの課題について話合いをしたことがありました。結論を実行に移してすぐ夏休みを迎えることになりました。夏休みが明けると、話合いで決めた取り組みは多くの子に忘れ去られ、一部の子だけが律儀に行っているという状況になりました。実行期間を想定して話合いのタイミングを見極めることも、実行する時間を確保することと同じ支援なのだと実感しました。

　結論によっては、具体的な時間や場所の確保が必要ない場合があります。例えば、「給食の配膳の仕方について決めよう」といった、生活の仕方についての新しいルールを決めた場合などです。その場合は、実行の中心となる子どもたちが「今日から２週間、配膳の強化週間にします。みんなで意識していきましょう」「今から給食の準備を始めていきます。この前決まったことをみんなで意識してやってみましょう」などと投げかけるよう働きかけます。ここから結論を実行する時間が始まるということをはっきりさせるのです。そして、２週間後に実践をふり返る機会を取る（38 項参照）のです。

＊＊＊＊＊＊＊＊

　「ルールをみんなで守っていくためにポスターを作る」という結論になったことがあります。しかし話合いの中でだれが作るかは決まっていませんでした。どうなるのかと静観していると、２日経って「先生、ポスターってどうなってるんですか」と一人の子が聞いてきました。

　私がそこでようやく「だれか作りたい人はいますか？」と全体に投げかけ、先の子も含めた数人によってポスターの制作が始まったのです。実行への初めの一歩は、もったいぶらずに導いてやろうと思った経験です。

　たとえば、お楽しみ会で「障害物リレー」をすることが決まったとしたら、話合いの後すぐに、「体育倉庫に行きます。障害物を探しに行きたい人はついて来てください」と呼びかけるのです。

　「鉄は熱いうちに打て」です。結論を出した熱が冷めないうちに、次へのちょっとしたきっかけを作ることが重要です。

38 実践をふり返らせる

　話合いで結論を出し、結論を実行したら、その実践をふり返って次の話合いにつなげることが大切です。せっかくよい議論が行われ、結論が集団決定されて、実行もしたのに、ふり返りを行わないと一回きりの学びで終わってしまいます。

　話合い活動を年間通して繰り返しながら、らせんを描くようにつながっていくと、話合いの質は向上し、学級集団の自立性が育っていきます。

話合いのポイント

① 結論を実行した後、個々にプリントでふり返りを行います。
② 個人のふり返りを集計し、全体に返します。
③ ふり返りをもとに、成果と次への課題を全体で共有します。

思考でリフレクション！

　実践のふり返りをどのように行うと、話合いは次へとつながっていくのでしょうか。

　ある話合いで、「給食の準備をみんなで協力して速くしよう」という目標が決まりました。子どもたちの意欲は高く、声をかけ合っててきぱきと動き、準備にかかる時間もどんどん短くなっていきました。私もそのようすを横目で見ながら満足していました。ところが、ある日の日記に次のような文を見つけました。
　「トップタイムを超えようとして、できませんでした。時間のことばかり考えていて、僕を慌てさせて、みんな時間のことばっかり考えています」
　全体をただ何となく見ていてはいけない、結論を実行したら一人ひとりの声をしっかり拾えるふり返り方をしないといけない、と突きつけられたような気がしました。
　このことをきっかけに、話合いで決まったことを実行した後には、時間を確保してプリントを使ったふり返りを行うようになりました。

身体でリフレクション！

① あなたは、子ども一人ひとりがふり返ったことを全体で共有していますか。
② あなたは、次への課題を子どもたち自身の言葉で語らせていますか。

　集会活動が終わって「大成功だ」と教室が熱気に包まれたときがありました。そのときも、いつものようにふり返りアンケートを取りました。集計すると「あまり楽しくなかった」と答えた子が3人いました。私は集計結果を棒グラフにしてから、子どもたちに聞きました。

> T：この前のパーティはどうだった？
> C：大成功でした
> （元気のいい声がたくさん返ってきました。うなずく子どもたちも多数います）

第6章　教師の役割は何か

Ｔ：うん。楽しかったよね。じゃあ、アンケートの集計結果を伝えます

（結果を子どもたちに棒グラフで示しました）

Ｔ：どうですか。大成功だよね。「とても楽しかった」がこんなにいるん
　　ですから

Ｃ：あれ？　でも、あまり楽しくなかったを選んでいる人もいる

Ｔ：そうだね。ここによく気づいたね

（３人の「あまり楽しくなかった」の棒を指さしました）

Ｃ：えー。なんで。楽しくなかったのかな

（教室がざわつきました）

Ｔ：先生は、これを選んだ３人をいいなと思います。みんなが大成功だっ
　　たと言っているからといって、それに合わせずにしっかり本音を書い
　　ているからね

Ｔ：みんなが楽しいパーティにするというのが目標だったけれど、「みん
　　な」を達成するのはこれだけ難しいんだね。自分は最高に楽しかった
　　と思っても、そう感じていない人がいることもあるんです

Ｔ：大事なのはそれをどう捉えるかです。楽しく感じなかった人をおかし
　　いと考えるのか、次こそ「みんなが楽しいパーティ」にしてやると考え
　　るのか、どっちが前向きなチャレンジだろうね

　いささか強引な導き方だったかもしれません。しかし、子どもたちは「よ
し。今度こそ」という気持ちを強くしていたようでした。

　私は、さらに、アンケートの「もっとこうすればよかったこと」と「次も
続けたいこと」に書いてあることを子どもたちに紹介し、「どうしたらもっ
といいパーティにすることができるのか、ヒントがあるはずです」と投げか
けました。

　その後のふり返りでは、次のパーティで気をつけることとして、「司会の
人が話し始めたらすぐに話を聞く」「整列は素早くする」ことが、子どもた
ちから提案されました。それらを話合い記録ノートに記録し、次のパーティ
について話し合うときに活用しました。

　ふり返りの集計結果や文章を子どもたちにどう伝えるかは、学年によって、
またはクラスの実態に合わせて変える必要があると思います。大切なのは、
ふり返りを通して自分の意識が、集団の中でどの位置にいるのかを自覚させ

ることだと考えています。

　自分はいいと思っていたことでも、心地悪いと感じていた人もいるのだというようなことに気づくことで、新しい視点を得たり、多面的に物事を捉えられるようになったりしていくと実感しています。

 ふり返りのポイント

・話合ったことは実際にやってみてどうだったか。
・集会活動は目的を達成できるものになったか。
・みんなで決めた結論に自分自身はどのように貢献したか。
・もっとこうすればよかったと思うこと（課題）
・次も続けたいこと（成果）

あとがき

　話合い活動の指導に取り組んで 10 年が過ぎました。つくづく、きれいに、すっきりとはいかないものだと思います。これまで見守ってきた話合いの多くに心にひっかかるとげのようなものがあります。しかし裏腹に、話合いの中から思いもよらなかったものが生まれる瞬間を目の当たりにする高揚感もたくさん味わってきました。少しずつ、話合い活動が子どもの未来に役立つ学びであるという確信が身に染みてきたように思います。そんな時に、東北福祉大学の上條晴夫教授にリフレクションの実際を執筆するという新しい試みにお誘いいただきました。私に新たな挑戦の機会を与えて下さったことにここで心から感謝します。

　しかし、いざ書き始めてみると、想像以上の難しさに直面しました。話合いは、メンバーや状況が変われば全く違ったものになります。また、私の指導自体が刻々と形を変え、今なお変化のただ中にあります。うなぎを手づかみしているような心持ちで、ようやく話合い指導の一つの形をこの本に焼き付けることができました。読者の皆様には、この本を「こうするものだ」というマニュアル本ではなく、「ここでふり返れば何かつかめそうだ」という＜リフレクション＞の書として捉えていただけたらと願っています。本書が、皆さん自身の指導を作り上げる際のヒントになれば何よりの喜びです。

　最後に、この本を書き上げることができたのは、私の学級で考え、悩み、本音をぶつけ合う中から結論を生み出し、話合いの力を実体として見せてくれた子どもたちのおかげです。また、話合い活動のさまざまなあり方を見せて下さった仙台市教育研究会特別活動部会の先輩方のおかげです。そして、何より原稿に向き合う時間をくれ笑顔で支えてくれた妻のおかげです。ここに感謝し、あとがきといたします。

2018 年 4 月

中嶋卓朗

参考文献

- 『子どもが力をつける話合いの助言』（橋本定男、明治図書、1997年）
- 『よりよい人間関係を築く特別活動』（杉田洋、図書文化社、2009年）
- 『教師教育学』（F・コルトハーヘン編著、武田信子監訳、学文社、2012年）
- 『教師教育』（上條晴夫、さくら社、2015年）
- 『チームが機能するとはどういうことか』（エイミー・C・エドモンドソン、野津智子訳、英治出版、2014年）
- 『凡才の集団は孤高の天才に勝る』（キース・ソーヤー／金子宣子訳、ダイヤモンド社、2009年）
- 『新版 組織行動のマネジメント』（スティーヴ・P・ロビンス、髙木晴夫訳、ダイヤモンド社、2009年）
- 『人はなぜ集団になると怠けるのか』（釘原直樹、中公新書、2013年）
- 『これからの「正義」の話をしよう』（マイケル・サンデル、鬼澤忍訳、ハヤカワ文庫、2011年）
- 『教育の力』（苫野一徳、講談社現代新書、2014年）
- 『よくわかる学級ファシリテーション①〜③』（岩瀬直樹、ちょんせいこ、解放出版社、2011年、③は2013年）
- 『クラス会議で子どもが変わる』（ジェーン・ネルセン、リン・ロット、H・ステファン・グレン、コスモス・ライブラリー、金沢信彦訳、2000年）
- 『いま「クラス会議」がすごい！』（赤坂真二編著、学陽書房、2014年）
- 『いま子どもたちに育てたい学級ソーシャルスキル』（河村茂雄・品田笑子・藤村一夫、図書文化、2007年）
- 『ワークショップ・デザイン』（堀公俊、加藤彰、日本経済新聞出版社、2008年）
- 『ワールドカフェをやろう 新版』（香取一昭、大川恒、日本経済新聞出版社、2017年）
- 『ホールシステム・アプローチ』（香取一昭、大川恒、日本経済新聞出版社、2011年）
- 『アイデア会議』（加藤昌治、大和書房、2006年）
- 『考具』（加藤昌治、CCCメディアハウス、2003年）
- 『ファシリテーターの道具箱』（森時彦、ダイヤモンド社、2008年）
- 『ロボット―それは人類の敵か、味方か―』（中嶋秀朗、ダイヤモンド社、2018年）

解題

● 「語り聞かせ」の見事な模擬授業

　私が主催するある研究会で、中嶋先生が社会科の「語り聞かせ」の模擬授業をしたことがあります。ある歴史的人物について、子どもたちに語って聞かせるという授業です。

　中嶋先生は、学習者役の若い先生たちの呼吸が浅くなったり深くなったりするのを瞬時にリフレクションし、自分が語り出すタイミングをそれに合わせていました。ベテラン教師ならば、みなある程度はできる技ですが、中嶋先生のそれはずば抜けていました。しかも、そのリフレション結果に応じて語りの間を作ることに、職人芸的なうまさがありました。

　私の中には、中嶋先生のいぶし銀的な資質が、これでもかというほど印象に残りました。そんなわけで、本シリーズを考えたとき、いぶし銀教師・中嶋卓朗先生が、私の頭に真っ先に浮かんだのです。

● 21世紀に求められる学力の中核に位置づけられる「話合い活動」

　中嶋先生は、社会科授業づくりなど、いくつかの独創的な教材開発をしています。しかし、わたしは、特別活動の中の「話合い活動」をテーマに執筆してほしいと考えました。「話合い活動」こそ、中嶋先生の実践の中核に位置するものだったからです。

　加えて、「話合い活動」は、本書にも書かれている通り、21世紀に求められる学力を身につける上で、もっとも重要な活動です。人と人とが話し合うことによって「協働」をしていくということが、これからの予測不能と言われる社会に強く求められているからです。

● 「話合い指導のジレンマ」と「話合い指導の構造化」

　中嶋先生の「話合い活動」の指導をリフレクションの観点から見ると、「話合い指導のジレンマ」と「話合い指導の構造化」という、2つのキーポイントが挙げられます。

　中嶋先生は、自身の指導を「ジレンマ」と捉え、そのジレンマを克服する

プロセスとしてリフレクションを位置づけ、実践しています。つまり、「それを真似るだけで話合い活動がだれでもうまく行く、魔法のような指導法」を開発するのではなく、日々の実践の中で、試行錯誤しながら探究すべきものとして、自らの実践を捉えているのです。まさに省察的実践です。

「思考でリフレクション！」と「身体でリフレクション！」の２つの視点は、本シリーズに共通するものですが、本書に即して解説すれば、「思考でリフレクション！」とは、その話合い指導の前提にある「ジレンマ」を根底から考え直す作業です。これに対して「身体でリフレクション！」は、実際に子どもたちと向かい合ったときに起こる「身体の感じ」をもとにしたふり返りです。

たとえば、第４章項目９「司会団を立てる」では、「『司会者』は全員に経験させるべきか」というやっかいな問いを探究し、考えに考え抜いた経験（プロセス）が書かれています。そして、「あなたはこの点をどのように考えますか」という強い問い（リフレクション観点）を示します。

「身体のリフレクション！」では、「話し合いたいこと」を子どもに任せるか否かについて、教室でのエピソードをもとに語っています。そして、それを任せたことによって、子どもたちの当事者意識が上がるのを感じ、「肩の力が抜けた」と書いています。「身体の感じ」によってリフレクションがなされているのです。

「話合い活動指導の構造化」は、もくじに具体的に現れます。中嶋先生が話合い活動指導をどのように分類し、その中でどのような要素と順番で考えてリフレクションしているのかが、もくじを読み解くことで見えてくるのです。

たとえば、中嶋先生は、第４章16項で、その日の話合いでは「どんな意見が出そうか、どこで意見のぶつかり合いが起きそうか、そして、どのように進めていくか」を、「司会団」の子どもたちとともに予測して、実際の話合いでは、子どもたちだけで対応できるように指導すると書いています。このことを聞いたとき、私は本当にびっくりしました。

「話合いを準備する」のは、特別活動の実践研究としては、もしかすると、定石的な指導法だと考える方もいると思います。しかし、話合いの準備の仕方をここまで徹底して考え抜き、言語化した教師は少ないはずです。実践知をリフレクションという観点から考えるとき、この言語化はとても大きな鍵となるはずです。

上條晴夫（東北福祉大学教育学部教授）

■著者紹介
中嶋卓朗（なかじま・たくろう）
1971年、宮城県生まれ。仙台市立錦ケ丘小学校教諭。
1993年、秋田大学鉱山学部卒業。建設コンサルタント勤務、二輪整備士を経て現職。
仙台市小学校教育研究会特別活動部会で学級活動研究班長、研究推進副部長を務め、主に学級活動の研究を行う。
研究関心は、話合い活動の指導、学級集団作り、近代史の指導。
子どもの心むき出しの笑顔がある教室を目指して実践を重ねている。

●おもな著書
『小学校学級生活マニュアルプリント』（たんぽぽ出版、2013年）
『「頭ほぐし」の学習ベスト50』（学事出版、2014年）
『教科横断的な資質・能力を育てるアクティブ・ラーニング 小学校』（図書文化社、2015年）
いずれも部分執筆担当

■監修者紹介
上條晴夫（かみじょう・はるお）
1957年、山梨県生まれ。東北福祉大学教育学部教授。
お笑い教師同盟代表。特定非営利活動法人「全国教室ディベート連盟」理事。「教師教育ネットワーク」代表。専門は、教師教育学、教育方法学、ワークショップ

●おもな著書
『教師のリフレクション（省察）入門』（学事出版、2012年、共著）
『協同学習で授業を変える！』（学事出版、2012年、共著）
『ファシリテーションで授業を元気にする！』（学事出版、2011年、共著）
『お笑い世界に学ぶ教師の話術』（たんぽぽ出版、2005年）など多数。

実践・教育技術リフレクション
あすの授業が上手くいく〈ふり返り〉の技術
②話合い活動

2018年6月15日　第1刷発行

著　者　中嶋卓朗
監修者　上條晴夫
発行者　上野良治
発行所　合同出版株式会社
　　　　東京都千代田区神田神保町1-44
　　　　郵便番号　101-0051
　　　　電話03(3294)3506／FAX03(3294)3509
　　　　URL；http://www.godo-shuppan.co.jp/
　　　　振替　00180-9-65422
印刷・製本　株式会社シナノ

■刊行図書リストを無料送呈いたします。
■落丁乱丁の際はお取り換えいたします。

本書を無断で複写・転訳載することは、法律で認められている場合を除き、著作権および出版社の権利の侵害になりますので、その場合にはあらかじめ小社あてに許諾を求めてください。
ISBN978-4-7726-1348-4　NDC376　210×148
©TAKURO NAKAJIMA,2018